JOÃO CABRAL DE MELO NETO

UM AUTOR EM PERSPECTIVA

JOÃO CABRAL DE MELO NETO

UM AUTOR EM PERSPECTIVA

São Paulo
2013

global EDITORA

AD IMMORTALITATEM
ACADEMIA BRASILEIRA

1ª Edição, Global Editora, São Paulo 2013

Diretor Editorial
Jefferson L. Alves

Editor Assistente
Gustavo Henrique Tuna

Gerente de Produção
Flávio Samuel

Coordenadora Editorial
Sandra Regina Fernandes

Revisão
Alexandra Resende
Ana Beatriz Souto Maior
Juliana Alexandrino

Capa
Eduardo Okuno

Projeto Gráfico e Diagramação
Evelyn Rodrigues do Prado

Todas as iniciativas foram tomadas no sentido de estabelecer-se a autoria da foto de capa, o que não foi possível. Caso o autor se manifeste, a editora dispõe-se a creditá-lo.

CIP-BRASIL. Catalogação na fonte
Sindicato Nacional dos Editores de Livros, RJ

J58
João Cabral de Melo Neto : um autor em perspectiva / Ricardo Souza de Carvalho [et. al]. – 1. ed. – São Paulo : Global, 2013.
(Um autor em perspectiva)

ISBN 978-85-260-1930-0

1. Melo Neto, João Cabral de, 1920-1999 - Crítica e interpretação. 2. Literatura brasileira - História e crítica. I. Carvalho, Ricardo Sousa de. II. Série.

13-02388 CDD: 869.909
CDU: 821.134.3(81)-09

Global Editora e Distribuidora Ltda.

Rua Pirapitingui, 111 – Liberdade
CEP 01508-020 – São Paulo – SP
Tel.: (11) 3277-7999 – Fax: (11) 3277-8141
e-mail: global@globaleditora.com.br
www.globaleditora.com.br

Obra atualizada conforme o **Novo Acordo Ortográfico da Língua Portuguesa**

Nº de Catálogo: **3599**

JOÃO CABRAL DE MELO NETO

UM AUTOR EM PERSPECTIVA

Sumário

MANHÃ TECIDA SOBRE O ATLÂNTICO

Ana Maria Machado
Presidente da Academia Brasileira de Letras 2011-2013

Dando prosseguimento à coleção *Um autor em perspectiva*, a Academia Brasileira de Letras e a Editora Global agora focalizam a obra de João Cabral de Melo Neto.

O núcleo destas contribuições, cujos textos reunimos neste volume, foi a Jornada João Cabral, realizada na Universidade de Salamanca, em outubro de 2011. Mas também se incorporam a este conjunto outras reflexões, focalizando a obra cabralina, oriundas de outros centros universitários ou apresentadas em outros meios acadêmicos. Sempre seguindo o propósito de trazermos para o leitor uma visão em perspectiva do autor focalizado, e não apenas ao leitor brasileiro. Antes de estar em suas mãos e à sua disposição, este livro já foi publicado na Espanha pela Universidade de Salamanca, parceira prioritária da Academia Brasileira de Letras no desenvolvimento deste projeto, *alma mater* onde temos a satisfação de contar com a inestimável colaboração de Ascensión Rivas, que assina a organização deste volume.

Os laços do poeta João Cabral de Melo Neto com a Espanha são marcantes, conhecidos e reconhecidos. Em seu conjunto, a obra do pernambucano é perpassada por eles, e equilibra-se na tensão dessa encruzilhada entre as duas paisagens e culturas. Mas nem sempre seus leitores brasileiros têm acesso ao que dele dizem os críticos e estudiosos espanhóis. Este livro vem sanar essa carência e preencher essa lacuna, abordando diversos aspectos da produção do poeta e de sua vida em terras que tanto amou. Fios a se tecer do outro lado do Atlântico, como galos que cantam e se respondem e, assim, vão tecendo a manhã – para usar a inesquecível metáfora cunhada por Cabral. Tarefa para parcerias e mutirões, que isso é coisa que um canto solitário não consegue fazer.

Na prática, é uma tradução do volume consagrado a João Cabral na série "Um clássico fora de casa", da Universidade de Salamanca – agora à disposição dos leitores em português, que nela encontrarão uma leitura útil e prazerosa.

Prólogo

João Cabral de Melo Neto (Recife, 1920 – Rio de Janeiro, 1999) foi um revolucionário da poesia. Rompeu com o conceito romântico da inspiração e adentrou-se numa arte de caráter ascético e sóbrio, em que estava ausente a expressão do eu. Influenciado pelo rigor estético de Le Corbusier e da arquitetura funcional, Cabral de Melo desconfiou da espontaneidade, e entendeu a escrita como uma forma de trabalho artesanal em que o poeta, à semelhança do ferreiro com o metal, limava a linguagem para que fosse exata, fria e eficaz, e dominava o sentimento, até fazê-lo perceptível apenas no fundo de umas linhas puras e simples.

Cabral de Melo Neto é essencialmente poeta e destacou-se com obras como *Pedra do sono* (1942), *O engenheiro* (1945), *O cão sem plumas* (1950), *A educação pela pedra* (1966), *Museu de tudo* (1975) e *Sevilha andando* (1990); mas também escreveu ensaios reunidos em títulos como *Consideração sobre o poeta dormindo* (1941), *Joan Miró* (1942), *Poesia e composição* (1952), *Esboço de panorama* (1953) ou *Da função moderna da poesia* (1954). Porém, se há algo que caracterize toda a sua obra é a preocupação por transmitir o seu conceito de escrita enquanto arte de geômetras regida, como já foi assinalado, pela austeridade, a sobriedade e a temperança. É muito conhecida, nesse sentido, a comparação que fez entre a arte do toureio de Manolete – "El que mejor calculaba / el fluido ardor de la vida / el que com más precisión / rozó a la muerte em su fimbría" – e a arte da poesia, porque do toureiro cordovês, elegante e vertical, o poeta aprendeu a "cómo domar la expresión / con mano sobria y tranquila".

Grande conhecedor do nosso país, o seu trabalho como diplomata permitiu-lhe viver em diferentes cidades, onde conheceu diversos aspectos da cultura espanhola. Cabral de Melo Neto chegou na Espanha pela primeira vez em 1947, como vice-cônsul em Barcelona. Lá deu impulso à criação do grupo modernista *Dau al Set*, estabeleceu amizade com Antoni Tàpies, Joan

Brossa e Joan Miró – artistas de importância para sua trajetória pessoal e para sua produção literária –, e conseguiu uma pequena minerva com a qual editou obras próprias e de outros poetas, tanto brasileiros como espanhóis. Anos depois continuaria a sua carreira diplomática em Sevilha (1956), em Madrid (1960) e, mais tarde, outra vez em Sevilha (1962), e em Barcelona, cidades onde se embebeu de nossa cultura e de nossa paisagem, o que lhe permitiu afirmar sua estética racionalista. Em Castela, conheceu um campo árido que lhe lembrava o de seu Pernambuco natal e, em Andaluzia, familiarizou-se com o toureio e o flamenco. A desolação dos ermos castelhanos, a nudez do *cante a palo seco* e a sobriedade de toureiros, como o supracitado Manolete, enlaçam-se à perfeição com o seu conceito mineral da poesia, uma arte sem aditamentos, que surge do mais profundo do criador, e se converte num grito pungente contra a morte como destino final do homem. Nenhum outro país, dentre os muitos em que ele residiu, marcou-lhe de uma maneira tão pessoal, e nenhuma outra cultura lhe permitiu uma irmanação semelhante com a sua própria entranha. Ademais, em suas múltiplas estadas na Espanha, Cabral de Melo pôde conhecer e apreciar nossa literatura: Gonzalo de Berceo, o criador do *Cantar de Mio Cid*, Quevedo, Miguel Hernandez, Rafael Alberti... Todos eles enriqueceram o seu modo de entender a poesia e ajudaram-lhe a interpretar melhor o nosso caráter, sobretudo os aspectos que coincidiam com sua poética pessoal e com sua própria personalidade.

Este livro tem sua origem nas Jornadas dedicadas a João Cabral de Melo Neto, que comemoramos nos dias 20 e 21 de outubro de 2011, no Centro de Estudos Brasileiros da Universidade de Salamanca, com o interesse de ler autores brasileiros a partir de uma perspectiva pessoal. Constatamos mais uma vez a fecundidade da ideia e o alcance da sua acolhida. O mais significativo, porém, foi ver a rede que se estende e que permite ampliar o horizonte do olhar, conhecer novos autores ou aprofundar-nos em outros que ajudam a explicar nossa literatura, nossa cultura e, inclusive, a nós mesmos. Se as comunicações foram sugestivas e ampliaram o nosso saber sobre o poeta, igualmente suculentas resultaram as conversas posteriores, os comentários, os debates, as perguntas e o encontro com os colegas que, tendo compartilhado da erudição e da ceia após as palestras, tornaram-se amigos. Neste sentido, gostaria de registrar a generosidade dos especialistas: de Antonio Carlos Secchin, que nos indicou com elegância e sem desvios o caminho, e nos ensinou a cara mais ortodoxa do poeta; de Basilio Losada, que nos esclareceu não só sobre João Cabral, mas também sobre Picasso, Miró, a vida e a morte com extraordinária lucidez; e de Antonio Maura, que mostrou com humildade seus profundos conhecimentos sobre a literatura e a cultura brasileiras.

Abre o livro a análise de Basilio Losada sobre a estada de Melo Neto em Barcelona, por ser esta, como já foi assinalado, a origem da sua relação com a Espanha. O trabalho começa pela biografia do próprio Losada – sem a qual não se entende o desenvolvimento, em nosso país, da cultura em língua portuguesa –, que conheceu pessoalmente o poeta do Recife durante os anos catalães. O professor estuda a relação entre João Cabral e a Espanha, reportando-se ao influxo mútuo entre o grupo *Dau al Set* e o vice-cônsul brasileiro, à relação estabelecida pelo poeta entre Pernambuco e Castela, e à sua descoberta da festa dos touros e do flamenco.

Ricardo Souza de Carvalho, da Universidade de São Paulo, estuda a influência da Espanha em João Cabral e detém-se na figura de Miguel Hernández, fundamental para a configuração da poética cabralina, sobretudo da antologia *Paisagens com figuras*, reunida entre 1954 e 1955.

Antonio Carlos Secchin, membro da Academia Brasileira de Letras, adentra-se num terreno pouco estudado, a saber, o influxo da literatura brasileira em João Cabral, e analisa quatro elementos: as dedicatórias das suas obras, as epígrafes, os títulos dos poemas, bem como as referências e alusões que aparecem no interior dos mesmos. E tudo isso a partir de uma perspectiva diacrônica, com o fim de determinar se se observa alguma evolução na obra cabralina.

Antonio Maura, recentemente eleito sócio-correspondente da Academia Brasileira de Letras e grande conhecedor da cultura deste país, reflete sobre os anos barceloneses de Melo Neto: uma experiência fundamental não só para a trajetória humana e literária do escritor, mas também para os intelectuais e artistas catalães. Maura estuda o ensaio do poeta sobre Joan Miró, fundamental para entender sua forma de fazer poesia.

Pablo Zambrano, da Universidade de Huelva, analisa a contribuição de alguns poetas franceses e anglo-saxões, como Mallarmé, Valéry e Eliot, no estabelecimento de dois importantes princípios, já assinalados, da poesia cabralina: o antissubjetivismo e o racionalismo de estilo formalista.

Juan Antonio González Iglesias, poeta e professor de Filologia Clássica na Universidade de Salamanca, faz uma leitura de Cabral de Melo a partir de Horácio, um dos primeiros teóricos, sem cuja *Arte Poética* resultaria difícil compreender a teoria literária e o labor dos poetas.

Hugo Milhanas Machado, também poeta e professor de português da Universidade de Salamanca, lê o poema "Tecendo a manhã", do livro *A educação pela pedra* (1966), em paralelo com outros três autores portugueses recentes – Gonçalo Tavares, Daniel Jonas e Miguel Manso –, amparado na imagem da luz-balão e na ideia de que alguns poemas não terminam nunca, porque dão origem a outros e criam vínculos que se estendem até o infinito.

No meu ensaio, analiso o conceito cabralino da poesia, tal como aparece em três estudos teóricos: *Poesia e composição*, de 1952; *Esboço de panorama*, de 1953; e *Da função moderna da poesia*, de 1954. Neles Cabral de Melo refere-se a duas formas de poesia – a achada e a elaborada – que correspondem aos conceitos de inspiração e de mímesis, transmitidos desde a época clássica por Platão e Aristóteles. João Cabral, que defende a poesia elaborada, de que aliás é exemplo a sua própria escrita, advoga uma literatura comunicativa, onde o criador e o leitor possam encontrar-se no ascetismo e na sobriedade.

Miguel Nieto Nuño e María Teresa Mora Álvarez, professores da Universidade de Sevilha, estudam a relação entre João Cabral e o dramaturgo Alfonso Jiménez Romero, que fez, em 1966, uma adaptação da cabralina *Morte e vida Severina* (1954-55) com o título *Romances de la explicadora. Introducción a las escenas de la obra "Vida y muerte Severina" de João Cabral*. Ele observou no poeta do Recife aqueles aspectos que correspondiam à sua forma particular de entender o texto dramático: a explosão do logos em som e ritmo, a simbologia mítica elementar e a cultura campesina que brota da terra.

Finalmente, Javier Sánchez Zapatero, professor da Universidade de Salamanca, analisa a faceta política do autor, que lhe proporcionou, como ele mesmo assinalou em várias ocasiões, o tempo necessário para dedicar-se a escrever. Depois de analisar a figura do escritor-diplomata, Sanchez Zapatero refere-se ao valor de Melo Neto como embaixador da cultura brasileira na Espanha, e entretém-se com a imagem de um poeta cindido entre seu país e aqueles em que residiu, ou entre seu labor de escritor e o de diplomata.

Ao longo do livro, os textos cabralinos aduzidos pelos colaboradores não foram traduzidos, pois se optou por respeitar a variada casuística observada. O leitor encontrará, portanto, títulos e fragmentos em português ou em espanhol e, em algumas ocasiões, nos dois idiomas. Quis respeitar a preferência por uma ou outra língua em cada caso por dois motivos principais: porque temos boas traduções da obra de Cabral de Melo para o espanhol e porque os textos não traduzidos são entendidos sem grandes dificuldades. Minha experiência com colegas brasileiros tem me ensinado que, com boa disposição, a língua nunca é um problema ou um motivo de conflito, mas uma forma de comunicação na diversidade.[1]

Para terminar, gostaria de agradecer aos autores pela colaboração. Nem todos puderam participar das Jornadas cabralinas por diferentes razões, mas todos se ajustaram às exigências de tempo e de espaço, e dispuseram-se a resolver dúvidas e a facilitar outras demandas. Obrigada pelo tempo, pela dedicação e pelo trabalho benfeito.

Ascensión Rivas Hernández
Universidade de Salamanca

1 Também nesta tradução vários extratos da obra de Cabral aparecem em espanhol, apesar de se tratar de um autor lusofalante. Mantivemos as versões usadas pelos autores para respeitar o propósito da organizadora do livro, estabelecendo como critério geral a correspondência entre a língua das citações e seus respectivos títulos com a das Referências bibliográficas de cada artigo.

Espanha na poesia de Cabral de Melo Neto

Basilio Losada Castro
Universidade de Barcelona

Alguém disse que Cabral de Melo é o mais espanhol dos escritores brasileiros. Posteriormente, muitos têm repetido, com outras palavras, essa visão da Espanha como uma pátria eleita pelo grande poeta do Nordeste. Espanha foi, sim, uma pátria escolhida, mas isso não excluiu certos aspectos críticos, fundamentalmente um: a ditadura do franquismo. Caberia perguntar-se pelas razões dessa escolha. Antonio Carlos Secchin, a cujo ensaio *Las Españas de João Cabral* é preciso sempre voltar, diz-nos: "'vivir en plenitud de los sentidos' fue uma experiencia del poeta brasileño al encontrar en aspectos de la realidad física y humana española referencias inmediatas a seu Nordeste nativo". Esse vínculo com o Nordeste converteu aquilo que era uma experiência humana pessoal num modelo estético.

Cabral de Melo ingressou na carreira diplomática em 1945 e permaneceu nela até a sua aposentadoria em 1990. Seu vínculo estético e humano com a Espanha formou-se e consolidou-se ao longo de várias estadas e em dois espaços aparentemente contrapostos: Catalunha e Andaluzia; mas fez referências constantes também a Castela, sobretudo à paisagem castelhana e à sua expressividade lírica. A sua primeira estada em Barcelona, como vice--cônsul do Brasil, vai de 1947 até 1950. Anos depois voltaria à capital catalã, como cônsul-geral, em 1967, e permaneceu lá como diplomata até 1970. Tive a honra de conhecê-lo e iniciar por volta desses anos uma relação de reverência da minha parte por ele. Eu tinha acabado de ser nomeado professor de Filologias Galega e Portuguesa na Universidade de Barcelona, e pedi que, dentro do programa, pudéssemos tratar também da literatura do Brasil. Estava familiarizado com ela através das cartas que, na época, intercambiava com Jorge Amado, pois eu trabalhava na direção literária da Editora Caralt e pude editar grande parte da obra do narrador baiano (sempre com graves problemas por causa da censura). Cabral de Melo presenteou-me com um exemplar, generosamente dedicado, das *Poesias Completas* editadas no Rio de Janeiro em 1968. No que se segue, irei referir-me às estadas de Cabral de Melo em Barcelona e darei prosseguimento tratando da atração emocional que Andaluzia exerceu sobre ele.

Durante a sua estada em Barcelona – o consulado do Brasil ocupava então um amplo local no "arranha-céu" da praça Urquinaona – Cabral de Melo desenvolveu uma importante atividade dinamizadora na cultura catalã, contribuindo de maneira decisiva para sua abertura ao mundo livre, inclusive durante sua primeira estada, nos anos mais duros da repressão franquista (1947-1950). Neste sentido, é significativo lembrar a eficácia da sua colaboração com o grupo *Dau al Set* formado por artistas plásticos catalães – e alguns poucos poetas –, num intento quase heroico de pôr em contato a Catalunha com as vanguardas europeias de então. *Dau al Set* ("Dado ao Sete") apoiava-se no modernismo catalão do período de 1936-1939, anterior à guerra, num esforço esperançoso para estabelecer uma continuidade com elas. O grupo olhava para a Europa através de Joan Prats e do Cercle Maillot do Instituo Francês de Barcelona, nesta época refúgio generoso de certas aventuras estéticas, com um nascente viés político que iria consolidar-se nos anos posteriores. *Dau al Set* usufruiu da proteção do editor e galerista Luis de Caralt, que, apesar de falangista, era culturalmente muito aberto a experiências diferentes – na sua editora trabalharam Vazquez Montalbán, Castellet, Terensi Moix e muitos outros subversivos que, paradoxalmente, tiveram o apoio deste "falangista de esquerda". Na pinacoteca de Luis de Caralt, eu via todas as tardes obras das etapas iniciais de Tàpies, Tharrats, Ponç, Cuixart etc. Nota comum a todos eles era a curiosidade diante de qualquer forma de experiência surrealista. Mas o grupo em si era muito diverso e com atitudes opostas, que levaram a constantes dissidências. Assim, a experiência de *Dau al Set* foi se dissolvendo num processo lento, na medida em que as discrepâncias surgiam e se assentava paulatinamente uma tímida abertura cultural que permitia aos seus integrantes escolherem caminhos pessoais. Tàpies afastou-se do grupo em 1952, buscando experiências informalistas. Tharrats iniciou também, em 1954, um caminho pessoal dentro do informalismo tachista, e Cuixart, por sua vez, sem abandonar totalmente o surrealismo, começou uma outra versão pessoal do informalismo. Joan Ponç exilou-se em Paris a partir de 1953 e mais tarde morou em São Paulo, ainda fiel a *Dau al Set.*

Cabral de Melo descobriu aquele grupo juvenil de anseios arriscados e colaborou intensamente com os seus integrantes. Algo devia atrair-lhe no que era então elemento comum entre aqueles jovens artistas: um magismo um tanto necrófilo, expresso através de fantasmagorias oníricas. *Dau al Set* havia se iniciado em 1938 com a fundação do Salão de Outono. A sua lenta desintegração coincide com o deslocamento ao consulado geral do Brasil em Londres daquele diplomata de vinte e seis anos de tão fecunda presença na Catalunha. O jovem também tinha iniciado a sua carreira literária com uma fórmula pessoal de surrealismo que manifestou em 1941, na conferência "Considerações sobre o poeta dormindo", apresentada por ele no Congresso de Poesia de Recife. Na ocasião, o poeta expôs uma tese sem dúvida simpática aos componentes de *Dau al Set*: dormir, mais do que sonhar, era um fator de predisposição à criação poética, sobretudo pela ideia do sono-morte, que obsecava o poeta e que não lhe abandonou nunca. É essa obsessão que o leva a escrever em *Vida y Muerte Severina*: "la muerte de la que se muere/de vejez antes de cumplir los treinta". Na mesma época, Cabral lê reflexivamente os escritos teóricos de Le Corbusier, muito vinculados ao cubismo, os quais, no aspecto formal, influenciaram-no de maneira considerável. É possível que essas apaixonadas leituras – certamente nada apaixonantes – tenham provocado nele as pavorosas enxaquecas que, durante um ano, mantiveram-no afastado das atividades intelectuais. Seja como for, em 1942, liberado de seus males, conseguiu publicar, pago pelo seu primo Gilberto Freyre, seu primeiro livro de poemas, *Pedra do Sono*, numa edição de trezentos exemplares. Faço referência a isto, pois pode ser que, em *Dau al Set* e nos seus jovens ativistas, Cabral de Melo visse um reflexo da sua formação inicial, das suas imaginárias desventuras e, ao mesmo tempo, dos seus propósitos de se livrar (o que de fato conseguiu) da influência, muito positiva, dos poetas do segundo Modernismo.[1] Isso o incentivou também a iniciar a busca de um caminho pelo qual, uma vez abandonado o esplendor e a magnificência verbal, pôde começar um trabalho de experimentação poética seca e depurada que, como veremos mais adiante, levou-o, anos depois, a admirar a expressão poética de Gonzalo de Berceo.

Outra figura de que Cabral foi muito próximo era Joan Brossa, poeta sobretudo, mas também ativista cultural em diversos campos. Nessa época, Cabral morava num apartamento da rua Muntaner e instalara ali uma pequena minerva com que imprimia cadernos com poemas seus e de seus amigos. Dentre essas edições, que hoje são peças de bibliófilo, destacam-se os sete sonetos de Joan Brossa, publicados com o título de *Caruixa.* Esses sonetos foram a primeira publicação própria que Brossa viu impressa e, sem dúvida, ele mesmo deve ter contribuído na edição com a sua experiência de editor. Os sete poemas de *Caruixa* integraram-se mais tarde, em 1949, no livro *Sonets de Caruixa*, mas numa edição completa de quarenta e um sonetos. Também é possível que naquela minerva tenham sido impressas as provas da introdução que Cabral compôs para o catálogo de uma das primeiras exposições de Tàpies no Instituto Francês de Barcelona.

Porém, o elemento realmente fundamental dessa relação de Cabral com as partes mais dinâmicas da cultura catalã, durante os primeiros anos do pós-guerra, foi o seu amplo ensaio sobre Joan Miró, também muito amigo dele. Esse ensaio, numa edição em língua portuguesa, espanhola e catalã, foi publicado no ano de 2008 pela editora KM 13.774, selo editorial da Casa América-Catalunya (treze mil setecentos e setenta e quatro é a distância em quilômetros que existe entre a Catalunha e a costa brasileira). Joan Miró retribuiu a Cabral com um obséquio: três xilografias que ilustram a edição de

1 A palavra "Modernismo" em espanhol refere-se ao movimento cultural que, encabeçado por Rubén Darío, teve lugar na América e na Europa em finais do século XIX. No Brasil, esta corresponderia ao que se conhece como Simbolismo, e não aos movimentos vanguardistas que vão de 1922 a 1945 (N. T.).

1950 do livro. No ensaio, o poeta demonstra amplamente que Miró não foi surrealista, nem sequer aquilo que alguns chamavam de surrealista abstrato. "A Miró, a su espíritu casi artesanal, tenía que sonarle extraña la estética antiplástica de los surrealistas, que parecían interesados en crear un tipo de arte superior e independiente de los géneros del arte". A ideia não está muito claramente expressa, mas provavelmente supõe um rechaço à noção central dos surrealistas: criar uma arte nova para uma humanidade nova. O Miró preferido de Cabral era aquele claramente centrado, como o que vemos no quadro "La Masía", uma preciosa e precisa exibição de ordem e artesanato, um quadro de disciplina cromática equivalente ao rigor formal e à severidade expressiva da obra poética de Cabral.

Tàpies disse uma vez que Cabral iniciou os integrantes de *Dau al Set* no marxismo. Disso não tenho clareza, ainda que Cabral, em 1953, trabalhando como diplomata em Londres, tenha sido excluído do corpo diplomático por ser considerado "subversivo", coisa que nunca encontrou demonstração suficiente. Há na poesia de Cabral, sem dúvida, um senso de compromisso e denúncia social que poderia vincular-se com o humanismo marxista, mas não com o caráter escolástico do marxismo-leninismo ortodoxo. Os jovens poetas de *Dau al Set* reconheciam que "Cabral de Melo abriu para nós, durante o franquismo, novas perspectivas. Cabral vivia sua época e nós, não". Mas o engajamento e a dimensão social de Cabral parecem estar mais perto do cristianismo social que dos ditados stalinistas, e procedem simplesmente da sua sensibilidade com a experiência real da miséria que, ano após ano, viu nos campesinos do Nordeste. Isso pode ser notado em *Morte e vida Severina* ou nos poemas musicados do belíssimo CD *Sertão e favelas*. A ideia central dele foi que a poesia tinha de ser revelação e crítica social, mas sem apriorismos políticos, evitando qualquer submissão a consignações exteriores.

Em 1984, a editora Lello & Irmão, do Porto, publicou uma vastíssima *Antologia da Poesia Brasileira* em três volumes de mais de mil páginas cada um. A excelente antologia esteve ao cuidado de Alexandre Pinheiro Torres, professor de Literatura Portuguesa e Brasileira na Universidade de Cardiff. Vastíssima, mas não desmesurada, a antologia inicia-se com o Padre Anchieta e fecha com Cabral de Melo Neto. A obra de cada poeta nela incluído é precedida de um estudo histórico, bibliográfico e estilístico, sendo realmente notável aquele dedicado a Cabral. Nele, Pinheiro Torres destaca "antes de tudo, e por excelência, o seu caráter de poeta do Nordeste do Brasil", região seca que, pela sua história e pelos seus problemas sociais, sempre marcou a obra de Cabral. Após um estudo sobre o significado do Nordeste na história e nas crises sociais do Brasil, Pinheiro Torres refere-se também à semelhança vista por Cabral entre o Nordeste e Castela. "Há uma presença quase gêmea do Nordeste que aparece destacada na poesia de Cabral de Melo Neto: a da Espanha... Presença nova – ou simultânea – estreitamente vinculada ao seu Nordeste Natal". Cabral vê toda a Espanha sob o prisma castelhano. Sobre o seu vínculo com a Catalunha, é significativo o fato de que as referências incluam apenas dados sobre o seu trabalho de orientador do grupo *Dau al Set* e sobre o seu interesse por Joan Miró. É também expressivo que a única referência à paisagem da região seja a descrição de uma terra seca, plana, áspera e "calcária", de ossamenta dura para o homem que a habita; o que o leva sempre a estabelecer uma similitude com o seu Nordeste natal. Em Castela, ao contrário, o poeta vê não só a paisagem nordestina, mas também a terra como cenário de vida semelhante ao Nordeste do Brasil. No poema *Imágenes en Castilla*, a região é definida como um país que "tiene aquella dimensión / de los hombres de pan escaso, / sua callada condición", lembrando-lhe, assim, o Nordeste: "Valle del Capibaribe / por Santa Cruz, Torita / escenario para cronicones / para épicas castellanas". Por meio talvez de alguma leitura dos poetas de 98 – conhecia bem Antonio Machado –, o poeta estende essa visão a todos os espaços da Espanha. Algo semelhante acontece no livro *Tempo Espanhol*, de Murilo Mendes, que possui referências explícitas a Santa Tereza, San Juan de la Cruz, Góngora, Calderón, Quevedo e Miguel Hernández, além de lembranças líricas circunstanciais como "Lluvia en Castilla" ou "Niebla roja". Citando Jorge de Sena, Pinheiro Torres escreve: "Achamo-nos sempre muito menos hispânicos do que somos". Igualmente, Murilo Mendes e Cabral de Melo Neto sentem-se profundamente enraizados no âmbito hispânico, mas não se consideram espanhóis: veem a Espanha com amor, mas com a curiosidade de estrangeiros.

A visão da paisagem castelhana em Cabral amplia-se à Espanha toda, inclusive à Catalunha: "por la sequedad del paisaje, la sequedad de la caliza, todo lo que por lo pétreo, por su aspecto osificado de pardos peñascales, recuerda la desnudez del suelo nordestino".

No entanto, a sua visão literária de Castela não é determinada exclusivamente por uma visão da paisagem. Os seus poemas preferidos são os de Berceo, Antonio Machado e o Cantar de Mio Cid. Na epígrafe de "El Rio", Cabral cita livremente um verso de Berceo: "Quiero que compongamos, tú y yo, uma prosa", isto é, uma prosa no espanhol claro de Berceu, pois, como Jorge Guillén diz no ensaio *Forma e poesia*, "Poesía y prosa son en Berceo términos inseparables. Nadie en España ilumina mejor que Berceo el problema de la lengua prosaica en forma métrica". Esse prosaísmo procurado e atingido por Cabral é também uma nota estilística dominante na sua obra, em versos tais como: "[...] en el papel, / en su blancura aséptica / estalla el verso", do poema "O engenheiro"; em imagens como a do branco na folha de papel em cuja superfície se eleva uma arquitetura linear simplíssima; e em poemas como "Lección de poesía": "Toda la mañana consumida / como un sol inmóvil / ante la hoja en blanco: / principio del mundo, luna nueva / ... las veinte palabras cosechadas / en las aguas saladas del poeta / de las que ha de servirse el poeta / en su máquina útil. / Veinte palabras, siempre las mismas / cuyo funcionamiento conoce, / y su evaporación, su densidad, / menor que la del aire."

É esta palavra concreta, precisa, imagem de uma ordem matemática ou arquitetônica, que Cabral busca, obsessivamente, na paisagem castelhana (veja-se o poema "Imágenes en Castilla" do livro *Psicología de la Composición*, com versos como "Salgo de mi poema / como quien se lava las manos").

A Espanha (particularmente, Castela e Andaluzia) foi para Cabral não só uma pátria escolhida, mas também, como soube ver muito bem Antonio Carlos Secchin, a experiência de "un vivir en la plenitud de los sentidos". Por mais que, sobre a sua primeira impressão de Barcelona, Cabral tenha dito que "foi uma espécie de regresso a Pernambuco. Se me tivessem levado a um país verde eu teria sido um diplomata não adaptado", é essa experiência que falta entre as lembranças de sua estada na Catalunha. Cabral vê, surpreendentemente, uma Catalunha com "espaços áridos como os do Nordeste". Buscava lá uma semelhança que, no entanto, descobriria autenticamente só mais tarde e em Castela.

É a partir de 1955 que o "tema espanhol" aparece sistematicamente na sua obra. Como Antonio Carlos Secchin observa, no livro *Paisagens com figuras*, de dezenove poemas, nove têm uma visão da Espanha como espaço que lhe faz lembrar Pernambuco.

Catalunha, Castela e Andaluzia são a ancoragem espanhola de Cabral de Melo. Amplos espaços do país ficam de fora, seja por não tê-los conhecido, seja porque não viu neles a versão pernambucana que procurava. Viveu na Catalunha uma densa experiência de magistério cultural, quase de estrita docência. Descobriu em Castela uma nova versão do Nordeste, que achou também na estética dos poetas de 98, que sem dúvida conheceu. Mas foi na Andaluzia que ele encontrou uma pátria ideal, com formas de vida diferentes e com uma estética que o cativou, talvez por contraste, integrando, no sul peninsular, paisagem e cultura, sem buscar mais a terra nordestina.

Cabral dedicou todo um livro à capital andaluza: *Sevilha andando* (1990); e uma antologia: *Entre o sertão e Sevilha* (1997); além de uma recopilação antológica: *Poemas sevilhanos* (1992). A presença da Andaluzia na sua obra é indiscutível, mas convém precisar quais elementos do tópico Andaluz – ou da Andaluzia vista em si mesma – interessaram-lhe de forma especial. Acredito que, em primeiro lugar, está o mundo do toureio. Porém, há dois poemas que, no meu modo de ver, concentram tudo o que interessou ao poeta em Castela e em Andaluzia. "Catecismo de Berceo", presente no livro *Museo de todo* (1974) é um comprido e muito meditado poema que acrescenta pontos de vista interessantes para explicar a visão que Cabral tem da poesia e da palavra poética (cito a tradução de Ángel Crespo, pois não tenho à mão o original em português): "hacer que la palabra leve / pese como la cosa que se diga / para lo que se aisla de entre / lo frondoso en que se perdía". Em outra estrofe continua assim: "hacer que la palabra blanda / se adhiera al cuerpo de su cosa: / fundirlo en cosa sólida, espesa / capaz de chocar con la próxima". E termina dizendo: "Ni dejar que la palabra fluya / como rio que crece siempre: / canalizar el agua sin fin / en otras paralelas latente". Poderia completar-se esta poética com o início do poema "Graciliano Ramos" do livro *Serial* (1961): "Hablo sólo con lo que hablo / con las mismas veinte palabras / girando en torno del sol / que las limpia de lo que no es filo: / de toda costra viscosa / resto de cena de Bahía, / que queda en la lámina y ciega / su sabor de cicatriz fría. / Hablo sólo de lo que hablo: / de la seca e de sus paisajes, Nordeste bajo un sol / que todo lo reduce a espinazo".

A poesia de Berceo poderia ser a imagem de Castela, vista como seu saudoso Nordeste. Ora, a visão de Andaluzia, em tantos aspectos fundamentalmente distinta do seu Pernambuco natal, tem um outro tópico central: a festa dos touros, presente em poemas como "Alguns toureiros", do livro *Paisagens com figuras*. Nele, Cabral analisa – por certo, com extrema informação e agudeza – o estilo das grandes figuras do toureio no seu tempo (Manolete, acima de todos): "o toureiro mais deserto, / o toureiro mais agudo / mais mineral e desperto / o de nervos de madeira, / de punhos secos de fibra, / o de figura de lenha / lenha seca *da caatinga*. / O que melhor calculava / o fluido aceiro da vida / o que com mais precisão / roçava a morte em sua fimbria". Um toureiro, Manolete, que poderia demonstrar aos poetas "como domar a explosão / com mão serena ou contida / sem deixar que se derrame / a flor que traz escondida. / E como então, trabalhá-la / com mão certa, pouca e extrema: / sem perfumar sua flor, / sem poetizar seu poema".

Se Cabral aproveita Berceo para dar-nos uma explicação da sua própria criação poética, para o mesmo fim serve-lhe a arte de Manolete. No poema supracitado, há também estudos do fazer de Litri, Pepe Luis, Julio Aparicio, Antonio Ordoñez e Parrita; sempre com segura e fiel visão de aficionado.

Na sua inteligente análise do tópico andaluz, Cabral aborda também o flamenco. O *cante* interessa-lhe, mas não tanto pela pureza da técnica exibida, quanto pelo seu arranque, sua origem de protesto ou de ira contra o destino. O poema "A palo seco" do livro *Quaderna*, dedicado ao seu amigo Rafael Santos Torroella, define este estilo do *cante*: "se llama a palo seco / el cante sin guitarra / el cante *sin*, el cante sin más nada. / Se llama a *palo seco* /

el que es desnudo y sobrio; / el cante que se canta / bajo el silencio a plomo". E Cabral continua o poema, aparecendo de imediato a relação deste com a sua criação lírica: nua, áspera, contida, sem excessos, cingida à rima assonante. "Trabalhar o poema sem rima é como jogar tênis sem rede", costumava dizer. Igualmente, em "A palo seco", o *cante* é solo sem voz, sem apojatura no violão, lacônico, nu e como que ansioso de enfrentar o silêncio. Andaluzia cativou Cabral, que foi capaz de desmontar os seus tópicos, encarando a essência do andaluz e, junto com ela, a essência da morte, sua obsessão. Nessa visão de Andaluzia, que toca a fundo no tópico, desbravando-o para chegar até o essencial, o poeta não podia deixar de lado um personagem central da corrida: o touro, imagem da natureza, agressiva e brutal, que o ser humano, inerme, domina com a inteligência, oferecendo o corpo e burlando o seu ímpeto com um quebre súbito e o movimento de um farrapo. É o triunfo da inteligência sobre a força, único espetáculo em que a morte é presença real e constante: "El toro es como un rio / en su avenida. Cuando se abre la puerta... el toro estalla en la plaza, trae la cabeza / alta, de ola... tiene entonces el toro el mismo atropellar / ciego del agua... Cuando en el centro de la plaza / que él ocupa entera e invade, el toro por fin se para, puede el torero navegarlo como agua...".

Por último, sobre o cenário (*La plaza de toros de Sevilla*) – outro elemento essencial do espetáculo – Cabral diz: "Es barroca la plaza de toros / no del hierro comercial de otras. / Barroca alegre, de cal y ocre, sin juegos fúnebres de muerte. / Es como un altar al aire libre / barroco, sin sus juegos tristes. / O el morir es lo luminoso / de su arena caliente, de oro. / Tiene tanta luz que hasta encadena / al toro que salta a la arena. / Cuando el toro salta del corral / entra en un sol tan natural / que se duda si entonces entró / su muerte o la de su matador".

Na visão da Andaluzia como tópico, nada há de superficial. Realmente, são os mesmos temas de um cartaz ou de um anúncio jornalístico da Feira de Abril, mas sempre aparece alguma informação que os enobrece e os mostra sob luz nova. E então deixa de ser um tópico, ainda que seja verdade. Alguém disse que o tópico é uma verdade repetida em excesso, mas que perdeu esse fio feridor – ou sugestivo – que esta há de ter para ser realmente uma verdade. Quanto às poesias sobre o touro e a sua festa – a sua morte, na verdade – tenho lido vários aficionados competentes, inclusive Cabral. Numa carta a Manuel Bandeira (4-IX-1947), ele até expôs o seu desejo de organizar uma antologia "com poemas de autores modernos que tenham como tema as corridas de touro", mas o projeto ficou nas intenções.

Há textos como "Estudos para uma bailadora andaluza", comprido poema onde Cabral enlaça, como sempre, o popular, visto como expressão profunda de lirismo, com a sua própria poesia. Ou referências às cavernas de Baza e Guadix, "onde o cigano dorme na entranha da terra afundado uterinamente". Volta também aos velhos ofícios, como em "El forjador de Carmona": "Sólo con el hierro forjado / es como se trabaja el hierro". Além de escrever todo um livro, *Sevilha andando*, dedicado a esta maridagem excepcional entre o essencial andaluz e o essencial da lírica de Cabral.

Régis Bonvicino, uma das vozes mais significativas da poesia brasileira contemporânea, num dos textos que acompanham a edição do ensaio *Joan Miró*, diz:

> João Cabral de Melo Neto (1920-1999) tiene diez libros publicados en el mundo hispanoamericano y, sin embargo, es conocido en España por un pequeño círculo de intelectuales... Se trata, sin embargo, del más español de los poetas brasileños e del mayor poeta de su lengua, al lado de Carlos Drummond de Andrade.

Referências bibliográficas

AA. VV. *Homenaje a João Cabral de Melo Neto*. Barcelona: Centro de Estudios Brasileños, 2009.

Melo Neto, João Cabral de. *La educación por la piedra*. Tradução de Pablo del Barco. Madrid: Visor, 1980.

________. *Antología poética*. Tradução de Ángel Crespo. Barcelona: Lumen, 1990.

________. *Quinze Poetas Catalães*. In: *Correspondência de Cabral com Bandeira e Drummond*. Rio de Janeiro: Nova Fronteira, 2001.

________. *Piedra Fundamental* (amplia antología con prólogo, cronología e bibliografia de Felipe Fortuna. Selección e prólogo de António Carlos Secchin). Caracas: Biblioteca Ayacucho, 2002.

________. *Joan Miró*. Casa América – Catalunya. Barcelona, [S. d.].

Pinheiro Torres, Alexandre. *Antologia da Poesia Brasileira*, v. III. Porto: Livraria Chardon de Lello & Irmão, 2008.

Stegnano Picchio, Luciana. *La letteratura Brasiliana*. Roma: Sansoni Accademia, 1972.

Encontro com o poeta Miguel Hernández

Ricardo Souza de Carvalho
Universidade de São Paulo

O poema "Encontro com um poeta", de João Cabral, faz parte de *Paisagens com figuras*, publicado em 1956, junto com a totalidade da sua obra até essa data, no livro intitulado *Duas águas:*

Em certo lugar da Mancha,
onde mais dura é Castela,
sob as espécies de um vento
soprando armado de areia,
vim surpreender presença,
mais do que pensei, severa,
de certo Miguel Hernandez,
hortelão de Orihuela.

A voz desse tal Miguel,
entre palavras e terra
indecisa, como em Fraga
as casas o estão da terra,
foi um dia arquitetura,
foi voz métrica de pedra,
tal como, cristalizada,
surge Madrid a quem chega.

Mas a voz que percebi
no vento da parameira
era de terra sofrida
e batida, terra de eira.

Não era a voz expurgada
de suas obras seletas:
era uma edição do vento,
que não vai às bibliotecas,
era uma edição incômoda,
a que se fecha a janela,
incômoda porque o vento
não censura mas libera.

A voz que então percebi
no vento da parameira
era aquela voz final
de Miguel, rouca de guerra
(talvez ainda mais aguda
no sotaque da poeira;
talvez mais dilacerada
quando o vento a interpreta).

Vi então que a terra batida
do fim da vida do poeta,
terra que de tão sofrida
acabou virando pedra,
se havia multiplicado,
naquelas facas de areia
e que, se multiplicando,
multiplicara as arestas.

Naquela edição do vento
senti a voz mais direta:
igual que árvore amputada,
ganhara gumes de pedra.

(Melo Neto, 1997: 129-130)

Paisagens com figuras deve muito à primeira estada de Cabral na Espanha como diplomata em Barcelona, entre 1947 e 1951, pois os poemas recorrem tanto às paisagens da Catalunha ("Campo de Tarragona") e de Castela ("Imagens de Castela"), quanto às figuras com que entabulou amizade, como, por exemplo, o poeta Joan Brossa ("Fábula de Joan Brossa") e o tipógrafo Enric Tormo ("Paisagem tipográfica"). A partir de uma estreita conexão entre paisagem e artista, como se o espaço pudesse explicar uma obra de arte, ou como se a paisagem mesma fosse uma obra de arte ao lado do poema ou da tipografia, Cabral funda uma paisagem literária: a Castela tanto do *Poema del Mio Cid* ("Medinaceli"), como de Miguel Hernández, pontos de partida e de chegada das suas predileções na poesia espanhola.

Ao chegar na Espanha com 27 anos e dois livros de poesia – *Pedra do sono* (1942) e *O engenheiro* (1945) – Cabral ampliou suas referências literárias para além da poesia francesa moderna, sobretudo de Stephane Mallarmé e de Paul Valéry. Farto de simbolismos e abstrações, ele apaixonou-se pelo objetivo e o concreto da linguagem; pelas imagens de Gonzalo de Berceo ou dos romanceiros. Com relação ao século XX, interessou-se por poetas da Geração de 27, como Jorge Guillén e Rafael Alberti. De Guillén, Cabral tirou o verso "Riguroso horizonte" para epígrafe do seu livro *Psicologia da composição* (1947); já de Alberti, baseou-se na sua poesia para escrever um poema nesse período, cuja versão ("Fábula de Rafael Alberti") só veio a recolher em *Museu de tudo* (1975). Portanto, Miguel Hernández foi o primeiro poeta do século XX que mereceu um poema na primeira obra de Cabral com textos dedicados à Espanha, o que mostra a importância que esse poeta teve para o brasileiro.

"Encontro com um poeta" já foi objeto de comentário dos mais importantes críticos da obra de Cabral (Costa Lima, 1995: 276-280; Barbosa, 1975: 136-138), mas esses se preocuparam em refletir só sobre a sua poética, sem estabelecer as evidentes relações que ela apresenta com a do poeta espanhol. Miguel Hernández, ou melhor, as impressões da sua poesia situam-se num espaço, antes de tudo, literário. O poema começa com a célebre referência ao começo do *Quixote*, "Em certo lugar da mancha", a qual, por sua vez, Cervantes tomou de um verso do romanceiro, fusão de erudito e popular que articula também a obra de Hernández. Como outras "paisagens com figuras" do livro cabralino, paisagem e escritor compartilham qualidades: a *dureza* de

Castela anuncia Hernández, e a *severidade* do poeta pode ser atribuída à paisagem. A primeira oração do poema começa com a imagem central, *O vento*, e encerra-se com mais um lugar, Orihuela, a sua cidade natal na província de Alicante.

O *vento* remete-nos a uma das obras cruciais de Hernández, *Viento del pueblo* (1937), cujos poemas foram escritos sob o impacto da Guerra Civil Espanhola. O livro é aberto com a veemente apresentação escrita por Navarro Tomás, cuja caracterização de Hernández talvez tenha inspirado Cabral. A origem campesina do poeta é o primeiro dado sublinhado: "Es hijo de unos humildes pastores de cabras. Desde niño ha trabajado en el cuidado del ganado y en el cultivo de la tierra" (Hernández, 2003: 53). Essa condição teria determinado a sua trajetória e a sua obra: "Sus veinticinco años cargados de experiencia, fecundados con las enseñanzas de vida pobre, áspera y difícil, han madurado su figura varonil y su alma de pastor, poeta y miliciano" (Hernández, 2003: 53). Por fim, a descrição das recitações de poemas realizadas nas trincheiras para animar os soldados assinala uma poética de contenção e de força que se percebe à viva voz:

> El efecto de sus recitaciones, las cualidades de su estilo hallan perfecto complemento en las firmes inflexiones de su voz, en su cara curtida por el aire y el sol, en su traje de recia pana, en su justillo de velluda piel de cordero y hasta en el carácter de su dicción, fuertemente marcada con el sello fonético del acento regional. Sus ademanes son sobrios y contenidos y su expresión enérgica, grave y concentrada. Hay una ardiente exaltación en el recogimiento de su gesto y en la fijeza e intensidad de su mirada.
> (Hernández, 2003: 54)

Navarro Tomás propõe, inclusive, uma correlação entre Hernández e a paisagem de Castela, que é o principio do poema e do livro de Cabral: "No es de extrañar que, como él mismo dice, su espíritu se sienta más compenetrado con el aliento de los campos de Castilla que con el de los huertos levantinos" (Hernández, 2003: 54).

"Encontro com um poeta" fixa-se na voz do poeta com uma mensagem de reclamação e de resistência captada e levada pelo vento; recurso que se achava já no próprio Hernández, em poemas como "Recoged esta voz" de *Viento del pueblo*:

> Recoged este viento,
> naciones, hombres, mundos,
> que parte de las bocas de conmovido aliento
> y de los hospitales moribundos.
> (Hernández, 2003: 84-5)

A dupla natureza do vento "indecisa entre palavras e terra" dirige a sucessão de imagens por meio da gradual identificação de uma voz em busca do seu sentido mais contundente. Essa voz que se percebe é a "do fim da vida do poeta", alusão ao período em que Hernández esteve na prisão, desde 1939 até a sua morte em 1942, cinco anos antes da chegada de Cabral na Espanha. A partir da comunhão entre palavra e terra compartilhadas pelo poeta e pelo vento, estabelece-se uma cadeia de transformações que, em cada fase, volta-se mais aguda: a terra "sofrida", "triturada", sentida nos últimos anos pelo poeta, vira pedra, por sua vez, transformada em "facas de areia" levadas pelo vento. Esta dor não termina em lamento, senão numa combatividade que ainda deve ter incomodado naqueles anos de franquismo, em que pesem as censuras e as "janelas fechadas" ao vento.

Quando na Espanha Cabral tentava achar novos meios de expressão e temas mais humanos, com certeza o impactou um poema como "El hambre", de *El hombre acecha* (1939), cujas primeiras estrofes já trazem uma visão da poesia como arma de enfrentamento contra a situação de pobreza e injustiça:

> Tened presente el hambre: recordad su pasado
> turbio de capataces que pagaban en plomo
> aquel jornal al precio de la sangre cobrado,
> con yugos en el alma, con golpes en el lomo.
> El hambre paseaba sus vacas exprimidas,

sus mujeres resecas, sus devoradas ubres,
sus ávidas quijadas, sus miserables vidas
frente a los comedores y a los cuerpos salubres
(Hernández, 2004: 134).

Paradoxalmente, foi na Europa que Cabral descobriu o quanto "o Brasil é pobre e miserável", como lhe dizia em carta o poeta e amigo Manuel Bandeira em 1951: "depois de ter visto a miséria europeia – enorme na Espanha, em Portugal, dura na França, na Inglaterra – acredito que é preciso inventar outra palavra para a nossa, cem vezes mais forte" (Sussekind, 2001: 146). No ano anterior havia publicado *O cão sem plumas*, primeira obra em que se refere ao rio Capibaribe da sua terra natal, Pernambuco, e à miséria do povo ao seu redor.

Aquele rio
é espesso
como o real mais espesso.
Espesso
por sua paisagem espessa,
onde a fome
estende seus batalhões de secretas
e íntimas formigas.
(Melo Neto, 1997: 85)

Ainda não estava satisfeito com a linguagem de *O cão sem plumas*, por ser talvez demasiado metafórica para a urgência do tema. Na carta a Bandeira supracitada, mencionou que escrevia um poema sob o impacto de uma greve em Barcelona – se chegou a concluí-lo, não o incluiu em obra nenhuma –, no qual procurava "uma expressão direta e dura" (Sussekind, 2001: 147). Com o desafio de comunicar mais efetivamente uma mensagem social, sem perder o trabalho com a linguagem poética, Cabral, entre 1953 e 1955, escreveu *O rio* e *Morte e Vida Severina*. Enquanto em *O rio* – que fala do próprio Capibaribe e do seu percurso até a cidade de Recife – inspirou-se nas formas da antiga poesia de caráter oral (o poema épico e o romanceiro), em *Morte e Vida Severina,* sob a denominação de "auto de natal pernambucano", vinculou-se aos autos medievais.

Em meio a essa produção tão comprometida com as formas ibéricas e a denúncia social, estão os poemas de *Paisagens com figuras* – escritos justamente entre 1954 e 1955 –, e, significativamente, é no centro de tal livro que está "Encontro com o poeta". É como se Miguel Hernández e a sua poesia fossem um eixo desta etapa tão decisiva da trajetória de Cabral. Desde o primeiro poema, "Pregão turístico do Recife", anunciam-se preceitos que valem ao mesmo tempo para Hernández e para Cabral:

> Podeis aprender que o homem
> é sempre a melhor medida.
> Mais: que a medida do homem
> não é a morte mas a vida.
> (Melo Neto, 1997: 120)

Ao passar pela paisagem de Castela (em "Imagens de Castela"), as diversas imagens terminam por lembrar-lhe da difícil sobrevivência que não tinha mudado desde a época de Hernández:

> E mais: por dentro, Castela
> tem aquela dimensão
> dos homens de pão escasso,
> sua calada condição.
> (Melo Neto, 1997: 122).

O penúltimo poema do livro "Outro rio: o Ebro" consegue recuperar de modo sutil as relações entre Hernández e Cabral. O título remete-nos ao poema "O rio", prosopopeia desenvolvida pela repetição da expressão "vou deixando". Seu ponto de partida é a paisagem petrificada e calcinada pela seca: "[...] Vou deixando uma terra / reduzida à sua areia, / terra onde as coisas vivem / a natureza da pedra [...]" (Melo Neto, 1997: 91). O "Outro rio", que se estende de Cantabria a Cataluña, passando por Castela, Leão, La Rioja, Navarra e Aragón; solidariza com o rio Capibaribe, tanto no seu estilo, como na sua paisagem:

Vou quase sempre entre o gesso
do esqueleto do animal
que veio cair de sede
nestas terras de Aragão.

O gesso também perece,
não morde mais como a cal.
Dir-se-ia que até a pedra
morreu de sede e de sol.

Vou entre as estreitas hortas,
fresco o lábio vegetal,
do corredor tão estreito
que a vida habita em Aragão.

Entre casas extraviadas
no deserto literal
e que ao passar alinhavo
com água de meu carretel,

entre vilas desmaiadas
(hipnose de sol e azul)
e aldeias de entranhas secas
feitas do gesso geral

(sem que água jamais reflita,
água de cego cristal,
as terras de barro opaco
que o mouro abriu a cinzel).

Disponho de um leito largo
como cama de casal,

mas é pouco deste leito
que cubro com o meu lençol.
(Melo Neto, 1997: 139-140)

Como em outros poemas de *Paisagens com figuras*, estas últimas estrofes descobrem a dimensão humana da paisagem na resistência às adversidades naturais, sociais e, inclusive, políticas:

Pois assim mesmo tão fraco
no duro chão mineral,
só veia regando ainda
curtido couro animal,

sou destas terras ossudas
líquida espinha dorsal
e até mesmo fui trincheira
(quando do *front* de Aragão)

As menções à voz de Hernández, "roca de guerra", e ao cenário onde em 1938 as forças republicanas e nacionais enfrentaram-se são as únicas referências à Guerra Civil em *Paisagens com figuras*. Sem embargo, tornam-se suficientes para mostrar as forças da paisagem e do homem, só aparentemente frágeis e derrotados. Ademais, a imagem do rio como trincheira está em "Fuerza del Manzanares", de *Viento del pueblo*:

[...]
El rio Manzanares,
un traje inexpugnable de soldado
tejido por la bala y la ribera,
sobre su adolescencia de juncos ha colgado.

Hoy es un río y antes no lo era:
era una gota de metal mezquino,
un arenal apenas transitado,
sin gloria y sin destino.

Hoy es una trinchera
de agua que no reduce a nadie, nada,
tan relampagueante que parece,
en la carne del mismo sol cavada.
(Hernández, 2003: 129-130).

Talvez não seja demais sugerir que a personificação e transformação do rio Manzanares de Hernández estimulou Cabral a narrar o percurso do "rio menino" até o seu "destino de mar". Ainda que não chegue a ser uma trincheira de guerra, o rio Capibaribe é testemunha de uma batalha sem "balas", de homens que lutam para continuar vivendo.

Referências bibliográficas

Barbosa, João Alexandre. *A imitação da forma:* uma leitura de João Cabral de Melo Neto. São Paulo: Duas Cidades, 1975.

Costa Lima, Luiz. *Lira e antilira:* Mário, Drummond, Cabral. Rio de Janeiro: Topbooks, 1995.

Hernández, Miguel. *Viento del pueblo.* Madrid: Cátedra, 2003.

__________. *El hombre acecha / Cancionero y romancero de ausencias.* Madrid: Cátedra, 2004.

Melo Neto, João Cabral. *Serial e antes.* Rio de Janeiro: Nova Fronteira, 1997.

Secchin, Antonio Carlos. *João Cabral:* a poesia do menos. São Paulo: Duas Cidades; Brasília: INL, 1985.

Sussekind, Flora. *Correspondência de Cabral com Bandeira e Drummond.* Rio de Janeiro: Nova Fronteira/Fundação Casa de Rui Barbosa, 2002.

A Literatura Brasileira & Algum Portugal[1]

Antonio Carlos Secchin
Universidade Federal do Rio de Janeiro

I
A Literatura Brasileira

Muito se fala na maciça presença da Espanha na obra poética de João Cabral de Melo Neto. E com razão: a Espanha comparece em 129 de seus poemas, e essa forte presença tem sido, cada vez mais, objeto de teses, ensaios e livros.

Exatamente por isso – considerando a quantidade e a qualidade de estudos hispanizantes dedicados ao poeta – talvez, agora, fosse conveniente mudar o ângulo da investigação, e centrá-lo num ponto bem menos explorado: quais as marcas da literatura brasileira na produção de Cabral?

Diz-se, com alguma razão, que ele apenas superficialmente referiu-se às letras brasileiras, e nem sempre de modo favorável. Ainda assim, uma análise minuciosa – que aqui não desenvolveremos – poderia apontar novos caminhos para a compreensão da poesia cabralina, independentemente do notório apego por ele desenvolvido para com a cultura espanhola.

Apresentaremos, resumidamente, as principais conexões de João Cabral com a literatura brasileira, estabelecendo, de início, uma tipologia dessas relações, a partir de quatro polos distintos: 1) as dedicatórias; 2) as epígrafes; 3) os títulos de poemas; 4) as referências e alusões no interior dos textos.

1 Conferência realizada em 27 de outubro de 2011, no Curso de Doutoramento em Literaturas e Culturas Românicas da Faculdade de Letras da Universidade do Porto.

Esses grandes eixos poderiam, por exemplo, ser submetidos a uma rigorosa investigação diacrônica. Com o passar do tempo, mantêm-se, aumentam ou diminuem as presenças brasileiras em títulos e referências textuais? Os nomes inicialmente citados persistem ao longo da obra? Há grandes homenageados? Ocorrem desaparecimentos súbitos? Tudo isso, um mapeamento cronológico, trataria de pôr em relevo.

Para retornarmos à nossa tipologia, salientemos que, no interior de cada categoria, poderíamos estabelecer uma tripartição de juízo de valores emitidos pelo autor, a saber: comentário neutro, positivo e negativo. Nem sempre citação implica endosso; diríamos mesmo que a neutralidade e a crítica, velada ou explícita, acabam prevalecendo.

1. As dedicatórias

Aqui, cabe distinguir se as dedicatórias reportam-se a poema ou, mais prestigiosas, ao livro inteiro; se estampam apenas um protocolo cordial, ou se estão acompanhadas de alguma motivação literária, para além da simples amizade.

Dos vinte livros do poeta, nada menos do que catorze são dedicados. Desses, porém, somente quatro apresentam algo além do nome do homenageado. São eles: *O engenheiro*, de 1945, "A Carlos Drummond de Andrade, meu amigo" (p.42); *O cão sem plumas*, de 1952, "A Joaquim Cardozo, poeta do [rio] Capibaribe" (p.80); *A educação pela pedra*, de 1966, "A Manuel Bandeira, esta antilira para seus oitent'anos" (p. 308); *Agrestes*, de 1985, "A Augusto de Campos", seguido de poema-homenagem (p.485).

Na primeira dedicatória, ao externar seus vínculos de amizade, não é impossível que, de modo consciente ou não, houvesse também, por parte de Melo Neto, o desejo de legitimar de sua própria literatura através da afirmação de vínculos mantidos com Carlos Drummond de Andrade, o nome mais importante da poesia brasileira do século XX. João Cabral, aliás, nunca escondeu a dívida estética para com Drummond, ainda que, anos depois, praticamente rompesse relações com ele, tanto poética quanto pessoalmente.

Relações que preservou a vida inteira com o segundo homenageado, Joaquim Cardozo, também, como João Cabral, nascido na cidade do Recife, e igualmente cantor da paisagem nativa e por isso chamado de "poeta do Capibaribe".

Na mesma cidade nasceu o terceiro poeta, Manuel Bandeira, primo de João Cabral, e, como Joaquim Cardozo, de geração anterior a Melo Neto. Manuel Bandeira, porém, cedo mudou-se para o Rio de Janeiro, e falou relativamente pouco da terra natal, o que, para um regionalista ferrenho à moda de Cabral, deveria ser quase uma ofensa. Além disso, a poesia de Bandeira é considerada um dos pontos mais altos do lirismo brasileiro, enquanto Melo Neto rejeita em seus versos a presença explícita do sentimento. Daí, portanto, que não deixe de ser metalinguisticamente depreciativa e irônica a dedicatória "A Manuel Bandeira, esta antilira para seus oitent'anos" – a rigor, uma antidedicatória.

Situação oposta à derradeira, dirigida ao poeta concretista Augusto de Campos, frente a quem João Cabral declara divergências que não escondem afinidades, enquanto, diante de Bandeira, adotou um tom aparentemente neutro para sublinhar a radical diferença (a "antilira").

Pelo pouco usual procedimento de uma dedicatória em forma de poema, vale a pena transcrever trechos desse texto, em que João eleva a arte de Augusto a um patamar superior ao da poesia que ele próprio pratica:

> Você aqui reencontrará
> as mesmas coisas e loisas
> que me fazem escrever
> tanto e de tão poucas coisas:
> [...]
> Nada disso que você
> construiu durante a vida;
> muito aquém do ponto extremo
> é a poesia oferecida
> a quem pode, como a sua,

lavar-se da que existia,
levá-la à pureza extrema
em que é perdida de vista;
[...]
Por que é então que este livro
tão longamente é enviado
a quem faz uma poesia
de distinta liga de aço?
Envio-o ao leitor contra,
envio-o ao leitor malgrado
e intolerante, o que Pound
diz de todos o mais grato. (p. 486)

Cabral confessa-se redundante (escrever tanto de tão poucas coisas), declara que a obra de Augusto é mais radical do que a sua (situada "aquém do ponto extremo"), e diz desejar leitores exigentes e contestadores, personificados em Augusto de Campos e Ezra Pound. O suposto confronto, sob o manto da modéstia, era de tal modo autodepreciativo, que, posteriormente, Augusto de Campos replicaria:

e não encontro nem
palavras para o abraço
senão as do aprendiz
[...]
nunca houve um leitor
contra mais a favor[2]

Quanto às demais dedicatórias de livros, em que nada consta além do nome do agraciado, observamos que a grande maioria contempla poetas, sejam eles de gerações anteriores, como Augusto Frederico Schmidt, Murilo Mendes, Vinicius de Morais e (outra vez) Carlos Drummond de Andrade, sejam da geração de Cabral: Lêdo Ivo e Antônio Rangel Bandeira.

2 CAMPOS, Augusto de. "João/Agrestes". In:______. *Despoesia*. São Paulo: Perspectiva, 1994. p.77.

Com exceção de Murilo Mendes, cuja dicção surrealista reverberou no livro de estreia cabralino, *Pedra do sono* (1942), os demais escritores pouco têm a ver com a poesia de Cabral, alguns deles sendo considerados seus antípodas – é o caso dos líricos Schmidt e Vinicius de Morais. Ambos, porém, figuras importantes na biografia do poeta. Schmidt pagou do próprio bolso a impressão do segundo livro de João Cabral, *O engenheiro*; ironicamente, financiou um tipo de poesia que iria destronar a sua própria. Vinicius de Morais, na avaliação de João Cabral, era o poeta brasileiro de maior talento – desperdiçado, porém, nos descaminhos do lirismo amoroso. Talvez para provocar o amigo, Melo Neto tenha-lhe dedicado uma de suas mais cerebrais e complexas composições: *Uma faca só lâmina* (1956). Lêdo Ivo, escritor de gama variadíssima de recursos, foi amigo de João Cabral desde a adolescência e, à revelia, é considerado representante-mor da "Geração de 45", estigmatizada pelos historiadores literários, e na qual, cronologicamente, João Cabral se insere, apesar de sempre haver sublinhado distâncias frente aos projetos estéticos e ideológicos do grupo de 1945.

A única dedicatória feminina – *et pour cause* – encontra-se no derradeiro livro de Cabral, *Sevilha andando* (1989): "Para Marly" (p.598) – trata-se da poetisa Marly de Oliveira, sua segunda esposa.

Curiosamente, João Cabral revelava-se, em termos proporcionais, menos pródigo na dedicatória de poemas do que na de livros. Em centenas de poemas, apenas vinte e um são dedicados. Nesse pequeno contingente, prevalece o protocolo da simples amizade, destituída de expressa sintonia literária. Eventualmente um adendo "justifica" a dedicatória; outras vezes, ela se fundamenta no local de nascimento do homenageado. Com efeito, *A escola das facas* (1980), repertório de textos circunscritos apenas ao estado natal do poeta, abriga vários poemas com dedicatórias a familiares, amigos ou escritores pernambucanos.

Outros exemplos da parcimônia cabralina: apesar de ser o poeta mais valorizado pela crítica e pelos estudos universitários na segunda metade do século XX, um único ensaísta mereceu-lhe dedicatória: Eduardo Portella (que, aliás, além de estudar em Pernambuco, residiu na Espanha, como João

Cabral). Já a Felix de Athayde, primo do escritor, não coube sequer poema inteiro, mas somente uma parte: a ele foram dedicados trinta e dois dos cento e vinte e oito versos de "O sim contra o sim", de *Serial* (1961).

2. As epígrafes

Um segundo eixo revelador da presença da literatura brasileira na obra de João Cabral são as epígrafes; aqui, as incidências são modestíssimas. É certo que o recurso, em geral, não abunda em sua poesia: no todo, onze registros. Em nove deles, porém, a procedência é estrangeira. As epígrafes brasileiras acolhem os assíduos Carlos Drummond de Andrade e Vinícius de Morais.

Do primeiro, Cabral se vale do trecho inicial de famoso poema, "Quadrilha"[3] (1930): "João amava Teresa que amava Raimundo / que amava Maria que amava Joaquim que amava Lili".

O fragmento, extraído de uma composição de natureza humorística, e subtraído desse contexto, serve de epígrafe ao segundo livro de João Cabral, intitulado "Os três mal-amados" (1943), integrado por monólogos alternadamente proferidos por João, Raimundo e Joaquim, cada um deles representante de determinada maneira de vivenciar o impacto amoroso e de reelaborá-lo em linguagem poética. Portanto, o texto de Drummond, mais do que mera epígrafe, converte-se em uma espécie de mote, a ser glosado diversamente pelos três personagens.

A epígrafe de Vinícius provém do algo enigmático poema "Retrato, à sua maneira",[4] encerrado pelo verso "Camarada diamante!", epíteto com o qual o poeta do Rio de Janeiro elogiava o poeta pernambucano. Cabral desconstruiu a homenagem, na "Resposta a Vinicius de Morais" (1975):

---

3 ANDRADE, Carlos Drummond de. "Quadrilha". In: ______. *Alguma poesia*. Belo Horizonte, Pindorama, 1930. p. 103.

4 MORAIS, Vinicius de. "Retrato, à sua maneira". In: ______. *Antologia poética*. Rio de Janeiro: A Noite, [s. d]. p. 266.

Não sou um diamante nato
nem consegui cristalizá-lo:
se ele te surge no que faço,
será um diamante opaco,
de quem, por incapaz do vago,
quer de toda forma evitá-lo,
se não com o melhor, o claro
do diamante, com o impacto:
com a pedra, a aresta, com o aço
do diamante industrial, barato,
que, incapaz de ser cristal raro,
vale pelo que tem de cacto. (p. 364)

Definindo-se, em sua dureza, como pedra industrial, de pouco valor, o poema se ergue *contra* a própria epígrafe.

3. Os títulos de poemas

Se contabilizarmos os poemas em cujos títulos se localizam nomes de autores brasileiros ou títulos de suas obras, chegaremos ao total de trinta.

Situação ímpar é a de Carlos Drummond de Andrade. Após nomear dois poemas nos livros iniciais de João Cabral, desaparece sem deixar vestígios.

O escritor mais citado, de longe, é Joaquim Cardozo, com seis incidências, quase sempre favoráveis, ou, na pior das hipóteses, neutras.

São vários os textos de base anedótica, em que Cabral passa ao largo de qualquer avaliação literária (mas a ausência de avaliação já não seria uma avaliação?), para limitar-se ao relato de episódios curiosos, que testemunhou ou de que ouviu falar. Assim constroem-se "Murilo Mendes e os rios", "Rubem Braga e o homem do farol", "Contam de Clarice Lispector":

Um dia, Clarice Lispector
intercambiava com amigos
dez mil anedotas de morte,
e do que tem de sério e circo.

Nisso, chegam outros amigos,
vindos do último futebol,
comentando o jogo, recontando-o,
refazendo-o, de gol a gol.

Quando o futebol esmorece,
abre a boca um silêncio enorme
e ouve-se a voz de Clarice:
Vamos voltar a falar na morte? (p.528)

Também frequentador constante do tema, João Cabral presta homenagens póstumas em "A Willy Lewin, morto" e "Na morte de Marques Rebelo".

Contabilizam-se ainda uns poucos poemas em que João Cabral não nomeia apenas ou diretamente o escritor, e sim o título da obra, acompanhada ou não da identidade do autor. Em tais casos, que julgamos mais interessantes, o que se expõe, ou se contrapõe, são modalidades do discurso literário, afins ou não do discurso cabralino. Nesse grupo entrariam "Ilustração para a 'Carta aos puros', de Vinícius de Morais", "*Casa grande & senzala*, quarenta anos", "A pedra do reino" de Ariano Suassuna), "Sobre *O sangue na veia*" (de Marly de Oliveira).

Nos textos relativos a Gilberto Freyre e Ariano Suassuna, o poeta rende homenagens a visões de mundo e estilos bem contrastantes aos que pratica. Defensor da extrema lucidez, da vigília constante, do controle métrico-retórico, da artificialidade dos truncamentos sintáticos, assim se manifestou sobre Freyre:

Ninguém escreveu em português
no brasileiro de sua língua:
esse à vontade que é o da rede,
dos alpendres, da alma mestiça,
medindo sua prosa de sesta,
ou prosa de quem se espreguiça. (p. 361)

Cultor do deserto, da paisagem e da linguagem esvaziada, da bruta contraposição cromática negro/branco (sua poesia é visual, mas não colorida), captou outro Nordeste em Ariano Suassuna:

> Foi bem saber-se que o Sertão
> não só fala a língua do *não*.
> [...]
> Tu, que conviveste o Sertão,
> [...]
> nos deste a ver que nele o homem
> não é só o capaz de sede e fome. (p. 394)

Três textos assumem particular relevo nesse nicho metalinguístico. "O sim contra o sim" (1961) abriga o único elogio de João Cabral a poeta brasileiro anterior ao Modernismo. Não por acaso, refere-se a poeta do Nordeste – Augusto dos Anjos – avesso à musicalidade, e que injetava na poesia vocábulos considerados "prosaicos" ou vulgares, em contraste com a "pureza lexical" e o pendor pelas frases de efeito dos parnasianos:

> Tais águas [de Augusto dos Anjos] não são lavadeiras,
> deixam tudo encardido:
> o vermelho das chitas
> ou o reluzente dos estilos (p. 273)

Em "Graciliano Ramos", pela primeira (e única) vez, João Cabral assume a *persona* de outro escritor brasileiro, com o qual, de resto, tem visíveis afinidades formais e temáticas (particularmente no romance *Vidas secas*, de 1938). A máscara alheia se patenteia no fato de o título do poema encerrar-se com dois pontos; logo, não se trata de poema *sobre* o autor, mas de simulação discursiva *de* Graciliano:

> Falo somente com o que falo:
> com as mesmas vinte palavras

girando ao redor do sol
que as limpa do que não é faca (p. 287).

Tão refratário a expor-se, João Cabral o fez em "Autocrítica", onde as linguagens e os espaços referenciais soberanos no afeto do poeta surgem numa íntima e tensa convivência:

Só duas coisas conseguiram
(des)feri-lo até a poesia:
o Pernambuco de onde veio
e o aonde foi, a Andaluzia.
Um o vacinou do falar rico
e deu-lhe a outra, fêmea e viva
desafio demente: em verso
dar a ver Sertão e Sevilha. (p. 430)

4. As referências e as alusões

Referências e alusões (não anunciadas em títulos de poemas, como no tópico anterior) podem traduzir-se em pequenas histórias envolvendo obras e autores brasileiros, ou apontarem também para questões de natureza metalinguística.

Enquanto a referência tende a ser mais facilmente compreendida pelo leitor, a alusão é oblíqua, comporta zonas de ambiguidade. É pelo jogo alusivo que o lado mais ferino, às vezes sarcástico, de João Cabral vai manifestar-se.

Novamente, o autor com maior número de referências – três – é o velho mestre Joaquim Cardozo. Em "Prosas na Maré da Jaqueira", Cardozo faz-se acompanhar de dois poetas nordestinos: Carlos Pena Filho (a quem, individualmente, Melo Neto já dedicara um poema) e Mateus de Lima; este, obscuro escritor, irmão do conhecido Jorge de Lima, cuja poesia, pela ausência de citação, é maliciosamente desvalorizada pela presença fraternal e pouco expressiva de Mateus.

Já em "À Brasília de Oscar Niemeyer", a peculiaridade reside na inserção de texto alheio, devidamente identificado, em meio ao poema: "símbolos do que chamou Vinícius/'imensos limites da pátria'" (p. 373). A inserção desse fragmento do verso viniciano[5] constitui-se na única utilização literal da palavra de outrem no *corpus* cabralino.

O poeta praticamente ignora duas das principais figuras do Modernismo brasileiro: Mário de Andrade e Oswald de Andrade, citados de passagem em "Díptico: José Américo de Almeida": bem antes de ouvir dos Andrades" (p. 526). Essa desconsideração, aliás, parecia recíproca, pois em várias entrevistas Cabral relatou o silêncio com que sua produção inicial teria sido recebida (ou desprezada) pelos dois Andrades.

No que tange às alusões, percorreremos pontos extremos do afeto cabralino. Às vezes, ele é apenas irônico, como no início de "A cana dos outros" (1961):

> Esse que andando planta
> os rebolos de cana
> nada é do Semeador
> que se sonetizou. (p. 267)

O alvo é a poesia de Péricles Eugênio da Silva Ramos, um dos líderes da Geração de 45, cujo livro *Sol sem tempo* (1953) contém o "Poema do semeador"; nele, as ações de um etéreo semeador são praticamente opostas aos gestos rudes do plantador de cana pernambucano. Péricles Eugênio evoca o "aroma de jardins sem consistência" e o "canto nupcial de polens tontos".[6]

Ironia também é arma (leve) dirigida contra Gilberto Freyre. Para João Cabral, Freyre, no clássico *Casa grande & senzala* (1933), teria lançado um olhar excessivamente conciliador da formação social do Brasil. Em *Morte e vida Severina* (1956), Melo Neto associa o nascimento de um menino à re-

5 Op.cit. p. 53. Verso 1 do poema: "Talvez os imensos limites da pátria me lembrem os puros".

6 RAMOS, Péricles Eugênio da Silva. "Poema do semeador". In: ________. *Sol sem tempo*. São Paulo: Clube de Poesia de São Paulo, 1953, p. 12.

pentina explosão de esperança, na crença de um futuro melhor por parte dos habitantes dos mocambos. A idealizada reversão de expectativas é assim expressa:

> Cada casebre se torna
> no mocambo exemplar
> que tanto celebram os
> sociólogos do lugar. (p. 172)

João Cabral sobe o tom no já citado "Graciliano Ramos:", quando, para contrapor-se ao vigoroso estilo seco do romancista, alude a outro tipo de escrita, associada a uma "crosta viscosa/resto de janta abaianada" (p.287). Não é difícil atribuir tal estilo adiposo e "abaianado" ao famoso ficcionista nordestino, que, ademais, costumava incluir receitas culinárias em alguns romances.

Melo Neto tampouco é complacente com o escritor Homero Pires, personagem não nomeado de "Um piolho de Rui Barbosa" (p.529) e autor de vários livros sobre o famoso jurista. Numa antiga conversa, reportada a Melo Neto, Pies teria falado mal dos pernambucanos, o que já foi o bastante para acender a ira do poeta.

João Cabral passa da ironia ao sarcasmo em "Retrato de escritor", impiedosa descrição do autor de quem fora amigo na juventude, acusado agora de exibir na literatura sua (falsa) solidariedade à dor humana. Além disso, quanto mais distanciado estivesse o objeto da pseudocomiseração, mais "solidário" o escritor se mostraria – insensível, portanto, à dor e à miséria vizinhas:

> [...] ele se passa a limpo
> o que ele escreveu da dor indonésia
> lida no Rio, num telegrama do Egito. (p.336)

As alusões do afeto positivo concentram-se em *Sevilha andando*. Marly [de Oliveira], citada unicamente na dedicatória, espraia-se, alusiva, em dezoito poemas do livro. Configurada como metonímia feminina da cidade perfeita (Sevilha), Marly condensaria em si todos os atributos da beleza, da sensualidade e do aconchego, ainda que, na realidade, não fosse natural de Sevilha. Transmuda-se, então, na "Sevilhana que não se sabia". Alguns exemplos:

> Assim, não há nenhum sentido
> usar o "como" contigo:
> és sevilhana, não és "como a",
> és Sevilha, não só sua sombra. (p. 604)
>
> ***
>
> Uma mulher que sabe ser
> mulher e centro do ao redor,
> capaz de na *calle* Regina
> ou até num claustro ser o sol. (p. 609)
>
> ***
>
> Eu a tenho, ali, a meu lado,
> num sol negro de massa escura:
>
> que é a de tua cabeleira,
> farol às avessas, sem luz,
> e que me orienta a consciência
> com a luz cigana que reluz. (p. 612)

II
& Algum Portugal

É bastante modesta a presença das letras portuguesas na poesia cabralina. Contudo, não faltariam motivos para que tal presença pudesse ter sido mais intensa, tanto do ponto de vista biográfico, quanto do ponto de vista literário.

Entre 1985 e 1987, João Cabral foi cônsul na cidade do Porto, de onde saiu para aposentar-se no Rio de Janeiro. Ali casou-se com a segunda esposa, Marly de Oliveira.

No terreno literário, em 1960, foi lançada em Lisboa, por Guimarães Editores, a edição princeps de seu importante livro *Quaderna*. A Portugália Editora publicou, em 1963, a primeira antologia poética de João Cabral, intitulada *Poemas escolhidos*, com seleção de Alexandre O'Neill. Em 1982, Fenda Edições deu a lume o ensaio cabralino *Poesia e composição – a inspiração e o trabalho de arte*. Em 1986, surgiu, pela Imprensa Nacional-Casa da Moeda, sua *Poesia completa*, com prefácio de Óscar Lopes. No ano de 2000, a revista *Colóquio Letras* lançou em número duplo *Paisagem tipográfica – homenagem a João Cabral de Melo Neto*, reunindo, em volume com mais de trezentas páginas, depoimentos, documentos e 15 ensaios inéditos sobre o poeta.

Apenas três escritores portugueses foram contemplados na poesia de Cabral. A primazia coube a Cesário Verde, em "O sim contra o sim", incluído em *Serial* (1961), décimo segundo livro do autor. O texto manifesta discreto elogio a Cesário, pelo fato de ele não pintar em excesso as cenas que apresenta. O verso "Descolorida nas maçãs do rosto",[7] com que Cesário se refere à aparência de uma vendedora, foi reelaborado pelo poeta brasileiro:

> Assim [Cesário Verde] chegou aos tons opostos
> das maçãs que contou:
> rubras dentro da cesta
> de quem no rosto as tem sem cor. (p. 275)

Camilo Castelo Branco protagoniza dois poemas do livro *Agrestes* (1985): "A Camilo Castelo Branco" e "Visita a São Miguel de Seide". É provável que, por motivos biográficos, Melo Neto se tenha sentido tocado pelas

7 VERDE, Cesário. "Num bairro moderno". In: ______. *O livro*. Lisboa: Manuel Gomes Editor, 1901, p.31.

desditas camilianas, similares às suas próprias. O poeta sofria de progressiva e irreversível moléstia ocular, que o levaria à cegueira. Também manifestava tendências depressivas, em que fantasias suicidas não estavam de todo excluídas.

O nome de autor português mais bem acolhido na obra cabralina foi, decerto, o de Sophia de Mello Breyner Andresen, de quem João Cabral foi amigo. Para ela escreveu "Elogio da usina e de Sophia de Mello Breyner Andresen" (1966), em que descreve seus cristais "de luz marinha" (p.313). Anos depois, no *Auto do frade* (1982), cuja ação se passa no século XIX, o protagonista Frei Caneca assim se expressa:

> Sob o céu de tanta luz
> [...]
> sob o sol inabitável
> que dirá Sofia um dia,
> vou revivendo os quintais (p.447)

Numa anacrônica e amistosa intervenção, João Cabral faz o herói, em fala profética, antecipa o futuro verso "sob o clamor de um sol inabitável",[8] de Sophia, no livro *Navegações* (1983).

Escassas as presenças portuguesas, avulta uma grande ausência: a de Fernando Pessoa. Talvez por manifestar temperamento poético quase oposto, o fato é que João Cabral praticamente recalcou quaisquer vestígios pessoanos tanto em sua formação cultural quanto na prática literária. No entanto, podemos afiançar que ao menos um livro de Pessoa – *Mensagem* – passou pelo olhar de João Cabral na década de 1940. Localizamos um exemplar da segunda edição de *Mensagem*, de 1946, com dedicatória do então jovem poeta brasileiro. Portanto, ele travou contato com a obra de Fernando Pessoa ainda no Brasil, antes de efetuar a primeira viagem diplomática, para Barcelona, em 1947, num período crucial de consolidação dos próprios rumos poéticos.

---

8 ANDRESEN, Sophia de Mello Breyner. "As ilhas. Poema VI". In: ______. *Navegações*. 1983. [s. p.].

Seu derradeiro deslocamento profissional, conforme dissemos, levou-o do Porto ao Rio de Janeiro. Cada vez mais recluso, praticamente cego, deu por encerrada sua obra, afirmando que, para escrever, ser-lhe-ia essencial a perdida capacidade de *ver* aquilo que escrevia. Graças ao insistente pedido de um amigo português – Arnaldo Saraiva –, ele, afinal, conseguiu romper a letargia e arrancou-se um derradeiro texto, cujo tema, em jogo de paradoxos, versava exatamente sobre a impossibilidade de escrever poesia. Intitulou-se "Pedem-me um poema":

> Pedem-me um poema,
> um poema que seja inédito,
> poema é coisa que se faz vendo,
> como imaginar Picasso cego?
>
> Um poema se faz vendo,
> um poema se faz para a vista,
> como fazer o poema ditado
> sem vê-lo na folha inscrita?
>
> Poema é composição,
> mesmo da coisa vivida,
> um poema é o que se arruma
> dentro da desarrumada vida. (p. 659)

Por fim, retornemos ao prólogo, quando falamos de dedicatórias.

Em 1945, num exemplar de *O engenheiro*, João Cabral compôs poema-dedicatória a Lêdo Ivo. O texto consistia na sugestão de futuro epitáfio para o amigo:

> Aqui repousa,
> livre de todas as palavras,
> LÊDO IVO,
> poeta
> na paz reencontrada

de antes de falar,
e em silêncio, silêncio
de quando as hélices param
no ar. (p. 657)

O poema poderia igualmente servir como autoepitáfio cabralino: a "desarrumada vida" de João Cabral extinguiu-se em 9 de outubro de 1999. No entanto, aqui estamos, celebrando-lhe a voz, ou melhor, deixando que sua obra fale através de nós.

Porque, a rigor, é sempre falso o silêncio de um poeta verdadeiro: a todo o momento, sopradas pela paixão dos leitores, as hélices de sua poesia recomeçam a girar, numa vitória definitiva contra a morte.

Pinturas, livros e poemas: João Cabral em Barcelona (1947 – 1950)

Antonio Maura
Universidade Complutense de Madrid

Quando aos 27 anos João Cabral de Melo Neto chega a Barcelona como vice-cônsul, já é um poeta reconhecido pelas vozes mais autorizadas do panorama literário brasileiro, tem três livros publicados – *Pedra do sono, Os três mal-amados* e *O engenheiro* – está casado e tem um filho. É preciso lembrar que, em 1947, por distintas razões, não há grandes diferenças entre o país do qual procede e o país ao qual chega, no que se refere às liberdades políticas. A princípio, o Brasil é mais democrático: após a queda do Estado Novo e, como resultado das eleições de 1945, o presidente da República Federal era o antigo Ministro da Guerra do governo Vargas, Eurico Gaspar Dutra. De fato, o PCB, que em 1946 era o quarto partido do país em intenção de votos, ainda está legalizado. Porém, Cabral já vivendo em Barcelona, em maio de 1947, por ordem do Supremo Tribunal Federal, o Partido Comunista Brasileiro, em que militavam alguns dos intelectuais mais comprometidos do país, teve seu registro anulado. Em janeiro de 1948, completaram-se as medidas legais para levá-lo à clandestinidade. O Brasil sofria a influência norte-americana do início da Guerra Fria. Na Espanha também se sentem os efeitos da ressaca da Segunda Guerra Mundial: o regime franquista, aliado na contenda do fascismo italiano e do nazismo alemão, sofre o bloqueio diplomático e econômico das democracias europeias e é impedido de fazer parte da ONU. Para legitimar-se de alguma maneira, o general Franco afastou do governo os mais significativos partidários das ideologias totalitárias, retirou os símbolos nazistas e fascistas, e iniciou uma vaga abertura cultural, que não passou de mera maquiagem. É nesse contexto em que teriam que situar-se fatos como a concessão do prêmio de teatro "Lope de Vega" à obra *Historia de una escalera* (1947), escrita por Antonio Buero Vallejo, um republicano recentemente saído do cárcere que, como é bem sabido, foi também o autor do popular retrato ao carvão do poeta Miguel Hernández. O governo franquista permitiu nesses anos o retorno de alguns pintores pertencentes à vanguarda europeia, como Salvador Dalí e Joan Miró. Se o primeiro adaptou-se facilmente ao novo regime e soube aproveitar-se economicamente dele, o segundo, incompreendido pela crítica e pelos intelectuais daquela Espanha triunfante, isolou-se no seu ateliê para desenvolver e depurar uma obra cada vez mais pessoal e poética. Nesta Espanha, em Barcelona concretamente, surgiria em 1948 o primeiro grupo de vanguarda espanhola, reunido em torno da revista *Dau al Set*. Com todos eles Cabral manterá uma estreita relação, assim como com Miró, mas não com Dalí, pintor que ideológica, estética e moralmente repudiava.

Como Antonio Carlos Secchin assinalou em diferentes ocasiões, a cidade a que Cabral é destinado e, particularmente, as paisagens que a rodeiam lembram-lhe as do Nordeste: "era uma espécie de retorno a Pernambuco" (Secchin, 1985: 303), comentou. O jovem diplomata não tardará em entrar em contato com o frágil tecido intelectual da cidade a que acaba de chegar. Um de seus primeiros encontros será com o pintor Joan Miró. Depois conhecerá os artistas que, um ano mais tarde, fundariam a revista *Dau al Set*: Joan Brossa, Antoni Tàpies, Modest Cuixart, Joan Ponç, Juan Eduardo Cirlot, Rafael Santos Torroela e uma longa lista de poetas, críticos e pintores. Outro aspecto significativo dessa etapa foi a aquisição de uma pequena imprensa artesanal com que Cabral realizará modestas edições de livros de poesia tanto seus, como de outros autores dos âmbitos brasileiro e espanhol. A coleção, que levará o nome de *O livro inconsútil*, já que as laudas não iam costuradas, tinha uma tiragem que variava entre os cem e os cento e cinquenta exemplares para consumo único de amigos e conhecidos. Nessa pequena imprensa vieram à luz obras de Manuel Bandeira, Vinícius de Moraes, Lêdo Ivo, assim como uma antologia da poesia brasileira, e livros dos autores espanhóis Alfonso Pintó, Juan Ruiz de Calonja, Joan Brossa e

Juan Eduardo Cirlot. Ali também publicou suas próprias obras, nomeadamente *Psicologia da composição*, como prova inicial e, finalmente, *O cão sem plumas*, em 1950. É preciso entender, portanto, os anos barceloneses de João Cabral como o trajeto entre o primeiro e o segundo desses livros e também como um processo de depuração literária. Se a experiência de Barcelona foi fundamental para o desenvolvimento poético de Cabral, também deixou um selo indelével nos intelectuais e artistas catalães que conheceu durante aqueles três anos. Tàpies, em suas memórias, e Brossa, em suas conversações, lembrarão do jovem e calado diplomata que lhes despertou sua consciência social e que lhes fez compreender que ela não implicava aceitar o realismo socialista como forma estética, e que as palavras ou as imagens podem ser tão mais revolucionárias, quanto mais dirijam ao "reencuentro con los hombres" (Cabral, 1989: 7)

A relação com Joan Miró foi de outra ordem. O pintor catalão, vinte e sete anos mais velho, podia considerar-se como um pai espiritual do poeta. Tinha estado em Paris, onde teve a oportunidade de conhecer pessoalmente os escritores e pintores surrealistas, e o próprio Picasso, de quem se considerava amigo pessoal. A trajetória artística de Miró, que começava a ser reconhecida nos EUA, era, no entanto, totalmente ignorada na Espanha e, quando conhecida, ridicularizada. Inclusive, nem todos os membros de *Dau al Set* valorizaram na sua justa medida a produção do autor de *La Masía* (Enjuanes, 2008: 89-91). Como João Cabral confessou a José Castello, o encontro entre ambos os criadores foi provocado pelo embaixador Carneiro Leão, primo do poeta e colecionador de arte que desejava adquirir uma pintura do pintor catalão. João Cabral visita Miró na sua antiga casa de família e, apesar de não conseguir comprar o quadro, estabelece uma estreita amizade (2006: 87-89). Com Miró viajará a Tarragona, paisagem que servirá de tema ao conhecido poema incluído no seu livro *Paisagens com figuras*. Fruto das longas conversas com o pintor, quase no final da sua estada, João Cabral escreverá um célebre ensaio intitulado *Joan Miró*, que publicará em 1950 pelas Edicions de l´Oc com gravuras originais do artista. Outro texto altamente significativo, escrito também no final da década de quarenta, será a apresentação da exposição de Antoni Tàpies, Modest Cuixart e Joan Ponç, organizada no Instituto Francês de Barcelona entre dezembro de 1949 e janeiro de 1950. Finalmente, Cabral escreverá o prólogo do livro de Joan Brossa, *Em va fer Joan Brossa*, de 1951. Estes três textos permitirão adentrar-nos nas preocupações estéticas do poeta brasileiro, sua análise da pintura e da arte daquele tempo, assim como a função da poesia que plasmará, no final da década de quarenta, em *O cão sem plumas*.

O estudo crítico de Cabral sobre Joan Miró inicia-se com uma reflexão sobre os padrões artísticos do Renascimento que, de maneira específica, a obra de Miró está destruindo. Antes de demolir um prédio, sempre é bom conhecê-lo e saber sobre quais alicerces está construído. É o que João Cabral faz ao analisar, na pintura renascentista, as funções da moldura como limite e da perspectiva geométrica, que produz a ilusão de profundidade, o que implica a leitura obrigatória do quadro através de uma única posição. Diz João Cabral [...] que "la tercera dimensión pictórica anula la existencia de lo dinámico [...], exige la fijeza del espectador en un punto ideal a partir del cual, e sólo a partir del cual, esa ilusión es proporcionada" (Cabral, 2008: 134).

Ou seja, o engano pictórico que supõe dar profundidade à "janela renascentista", na feliz expressão do crítico Fernando Cochiarale, exige também a fixação do espectador num ponto de observação e, portanto, o estatismo da imagem no seu conjunto. Assim, a arte do renascimento acabou com o dinamismo que tinha caracterizado a pintura desde Altamira até a arte românica. "Este estatismo, impuesto por la presencia y por los intereses de la tercera dimensión, define la pintura renascentista, que es hoy – al menos así la llamamos – la Pintura" (2008: 135). E para explicar a ideia de serenidade e impassibilidade, que define esse tipo de representação iconográfica, Cabral cita Baudelaire, que chamaria de "rêve de Pierre" a essa forma de beleza (2008: 135). Curiosamente, se se invertesse este lema, encontrar-nos-íamos com o título do primeiro livro de poemas do poeta pernambucano: *Pedra do sono*.

Na opinião de Cabral, o que Miró faz é "devolver a la superfície su antiguo papel: ser receptáculo de lo dinámico" (2008: 136). E, para isso, faz-

-se necessário abandonar o simulacro da terceira dimensão e a exigência de um ponto de vista privilegiado para a contemplação do quadro. Por isso, nas palavras do poeta pernambucano,

> Miró [...] se lanza contra cualquier jerarquización de elementos de su cuadro. Substituye la idea de la subordinación de elementos a un punto de interés por un tipo de composición donde todos los elementos merecen igual atención. En este tipo de composición no hay un orden en función de un elemento dominante, sino una serie de dominantes que se proponen simultáneamente (2008: 138)

Cabral não gostava, ao que parece, da chamada música erudita, mas nesse parágrafo descreve tanto a atonalidade musical de Schönberg, como a ruptura com a figuração de Kandinsky, no começo do século XX. As figuras e os símbolos ficam assim boiando num espaço só aparentemente sem limites, porque as bordas da moldura que escorçam a imagem e fixam-na a um espaço determinado ainda permanecem. Continuaríamos, portanto, sob o domínio da "janela renascentista".

"Este primer ataque directo al estatismo – explica Cabral – va dirigido contra [...] la relación entre el objeto y el marco" (2008: 139), algo que, para o poeta pernambucano, Miró consegue realizar nos quadros prévios à guerra. Na realidade, "lo que constituye su manera de componer no puede ser reducido a leyes, excepto a leyes negativas" (2008: 140). E estas leis negativas não são outras que a "liberación del marco como punto de partida" e "la exploración y la consolidación de las posibilidades dinámicas de la superficie" (2008: 142). A partir desse momento, Cabral começa os comentários sobre o valor e o sentido da linha nas obras mironianas, tão diferente do exigido pela estética renascentista.

> Una línea – escreve – pertenece a la categoría de lo dinámico, un movimiento del espectador. El cuerpo de una línea puede ser, incluso, la expresión de un movimiento. [...] Ella nos toma de la

> mano tan poderosamente que transforma en circulación lo que era fijación y, en tiempo, lo que era instantáneo (2008: 142-143).

Essa apreciação cabralina é importante porque será um dos parâmetros de *O cão sem plumas*. E, como se estivesse descrevendo pictoricamente as imagens poéticas do seu poema, escreve:

> Nuestro ojo no puede prever en absoluto la siguiente dirección de cualquiera de esos organismos. Éstos parecen recomenzar en cada momento un nuevo camino, burlarse de nuestros ojos automatizados, interesados en liberarse del camino fatal que nuestro ojo automatizado, o nuestra mano automatizada de pintor, desea para ellos, al cual desea condenarlos (2008: 145).

Na segunda parte desse ensaio, Cabral passa a refletir sobre as consequências do que acaba de expor. Ao trabalho criativo, desprovido já dos moldes renascentistas, uma vez demolidos os cânones clássicos, só resta o fazer, o caminho. Por isso,

> "Miró no pinta cuadros, Miró pinta" (2008: 150). E especifica: "esa valorización del trabajo creador como pura actividad implica, necesariamente, ceder la iniciativa para lo que puede surgir de la lucha entre la mano del fabricante y la materia dura e irreductible" (2008: 151).

Esse caminho solitário, essa "invención permanente" (2008: 156), tão comum em muitos artistas do século XX, exige uma atitude estética que seja também ética e que, de alguma maneira, esteja definida pelo conceito do "vivo":

> En la parca conversación de Miró, existe una palabra, *vivo*, que a mi modo de ver, es muy instructiva. *Vivo* es el adjetivo que emplea, más que para juzgar, para evitar cualquier incursión en

> el plano teórico, donde nunca se siente cómodo. *Vivo* parece, a veces, valer como sinónimo de nuevo y, a veces, como sinónimo de bueno. En todo caso, es una expresión de cualidad. Esa palabra, a mi entender, indica muy bien lo que su sensibilidad busca y, a partir de ésta, su pintura. Esa sensación, lo vivo, es lo más opuesto a la sensación de lo armónico o de lo equilibrado. Aquella nos es dada, precisamente, al rebasar lo armónico y equilibrado, ante los que nuestra sensibilidad no se siente herida, pero sí adormecida (2008: 156-157).

Diante do estático, o dinâmico; diante do trabalho artesanal, a improvisação criativa; diante das normas, o risco da liberdade; diante da morte da pintura, o vivo. Como lembra Alessandra Vargas de Carvalho, num inteligente trabalho sobre esse ensaio, Cabral está elaborando aqui sua própria teoria compositiva. O poeta pernambucano identifica-se com Miró porque, como ele, gosta de permanecer longo tempo calado, meditando, observando, aceitando o trabalho criativo como uma obrigação moral, como uma atitude vital. O objetivo de Cabral é justamente aproximar-se do real de um modo diferente, assumir a realidade como âmbito do vivo e não como algo já aceito social e historicamente. Essa é a causa da sua crítica contra a fixação, contra o estatismo, contra a delimitação do quadro ou do poema, contra o aprendido, contra as normas – "no existe una 'gramática Miró'" (2008: 140) –, que poderiam levar a uma reprodução do já visto ou ouvido, a uma arte como prolongação estética estabelecida, por mais revolucionária que possa parecer. E será essa atitude iconoclasta e politicamente engajada de Cabral que será lembrada pelos seus amigos Tàpies e Brossa: "A través de Cabral entré [...] en el polémico mundo 'del arte comprometido'", escreve Tàpies (2003: 234-235) ou "Cabral es una de las personas que me ha hablado con más lucidez sobre la politización del arte", afirma Brossa (Borrás, 2001: 50). Não se trata, portanto, de uma ruptura só estética, mas de uma nova forma de entender a vida, onde a voz que brota seja consequentemente nova.

O ensaio sobre Miró foi escrito possivelmente entre o outono de 1984 e o de 1949. Isso se conclui de uma carta dirigida a Carlos Drummond de Andrade com data de 9 de outubro daquele ano, em que diz estar a escrevê-lo[1] (Sussekind, 2001: 228) e de uma outra carta a Manuel Bandeira, datada de 15 de setembro deste último ano, onde diz tê-lo concluído (2001: 103). João Cabral confessa a Bandeira ter ficado tão exausto e vazio, que precisou de férias para recompor-se. Como já foi apontado, ele escreve pouco depois um breve texto de apresentação para a exposição dos pintores Tàpies, Cuixart e Ponç, que teve lugar em Barcelona entre dezembro de 1949 e janeiro de 1950. Esse texto é um prolongamento do ensaio sobre Miró. Nele, Cabral lembra o que foi dito anteriormente sobre a luta mironiana contra a mecânica compositiva do Renascimento, uma luta que se define negativamente, porque não possui regras, ainda que saiba que as antigas, marcadas pela fixação e o equilíbrio, já não são válidas. Insiste também na necessidade de uma nova atitude criativa, ética e vital, que garanta a

> libertad de componer. Libertad de entregarse a su juego fuera de tales y tales recetas de equilibrio. Libertad para disociar las ideas de componer y equilibrar. Libertad para darle a la idea de *equilibrio* un sentido de mayor riqueza que el de la simple estabilidad de pesos (Cabral, 2008: 107).

Essa atitude livre defendida por Miró, que rechaça as velhas normas, é a que caracterizará os três pintores: Tàpies, de forma natural; Cuixart, conscientemente; e, só em parte, Ponç, pois, como diz Cabral, este último não é nem tão intelectual quanto Cuixart, nem tão instintivo quanto Tàpies. Uma vez exposto o tema que tinha pormenorizado no ensaio anterior sobre Miró, o poeta passa a analisar o comportamento dos três artistas com relação à moldura, ou melhor, com relação aos limites da superfície do quadro, tema que também tinha tratado antes: "Tàpies no piensa, sencillamente no se

1 Escreve João Cabral a seu amigo Drummond de Andrade em 9 de outubro de 1948: "Gostaria de lhe falar de um poema que estou arquitetando e que seria uma espécie de explicação de minha adesão ao comunismo. [...] Atualmente me preocupa mais um estudo sobre Miró, o pintor, que estou escrevendo... com ódio. Com ódio pela prosa e pela técnica da crítica." Essa carta confirma que a redação do ensaio e de *O cão sem plumas* foram simultâneos, pois não cabe dúvida de que era esse o poema que estava dando forma.

preocupa por el límite del cuadro. [...] Su pintura saca provecho, más de una vez, de un raro estremecimiento que parecen provocar ciertos volúmenes demasiado próximos al marco, ciertos pesos excesivamente poderosos que él se preocupó en neutralizar, buscándoles la distancia ideal del marco que los habría estabilizado". Sem embargo, "Cuixart, mucho más intelectual, conoce el peligro que se esconde en el límite de la tela y trata de evitarlo. [...] Cuixart rehúye a la consideración del límite de la tela, poniendo mucha distancia entre el marco y la cosa pintada, disminuyendo ésta, reduciéndola a las cosas que pinta en medio infinito, a fin de impedir que los ojos del espectador, al contemplar la cosa pintada, tengan su campo visual condicionado por el marco". Por sua vez, "Ponç [...] no pinta su libertad: se sirve de ella como composición, para él, es casi siempre un simple aprovechamiento económico de la superficie. [...] Componer, para él, es llenar la superficie lo más sencillamente posible, pintando símbolos complementarios donde aún quede espacio libre" (2008: 107-108). Isto é, três soluções de um problema crucial para Cabral.

Por outro lado, nenhum dos três pintores mencionados nesse texto de Cabral abandonou os espaços limitantes e protetores da moldura. Antoni Tàpies segue uma carreira de sucesso, convertendo-se num dos artistas de referência do informalismo espanhol. Joan Ponç emigra para o Brasil em 1953 e, após ser internado num sanatório psiquiátrico de São Paulo por volta dos anos 1963 e 1964, retorna à Espanha. Em 1965 obteve um prêmio de design na Bienal de São Paulo pela série *Suite pájaros*. Modest Cuixart, por sua vez, ganhou o Primeiro Prêmio Internacional de Pintura na V Bienal de São Paulo de 1959 e, posteriormente, seria convidado de honra na XIII Bienal da mesma cidade, em 1975. Não há dúvida, portanto, de que a influência do poeta pernambucano na trajetória vital desses três artistas foi significativa.

Ainda que Cabral não negasse a validez da moldura, questionou-a como elemento limitador associado à ideia de pintura instaurada a partir do Renascimento. Antes, no espaço de um muro, na parede da caverna ou na madeira de um retábulo, a imagem ficava solta no espaço. Boiando no indeterminado, no vazio, a figura perdia sua fixação e o espectador ou o acólito podia aproximar-se dela com inteira liberdade, sem as regras impostas pela perspectiva ou a rigidez da moldura. Esta poderia ser uma das razões do interesse de Miró pela pintura românica. Porém, Cabral, que não rechaça abertamente a necessidade dessa moldura, quando estuda este problema em Tàpies, Cuixart e Ponç, é para saber como tais pintores salvam este escolho, o último e mais complexo de todos os impostos pela preceptiva renascentista. Ao que parece, pelo que escreve sobre Miró, as outras normas já tinham sido superadas pelo pintor catalão, que soube dotar suas obras de dinamismo, de liberdade compositiva, de vitalidade e variedade de leituras possíveis. E serão esses os valores que Cabral tentará estabelecer no poema que está escrevendo: *O cão sem plumas*, publicado em 1950, na coleção *O livro inconsútil*. Em 24 de agosto desse ano, o seu amigo Manuel Bandeira escreve-lhe:

> Repito que estou cheio de curiosidade em relação ao seu *O cão sem plumas*. Logo que v. possa, mande-me uma cópia do bicho (Süssekind, 2001: 121).

Seis meses mais tarde, em primeiro de janeiro de 1951, após ter recebido e lido o livro, comenta:

> No *O cão sem plumas* você já se sentiu habilitado a fazer a técnica servir ao seu sentimento e não, como antes, pôr o seu sentimento no aperfeiçoar da técnica. Neste poema, grande poema de verdade, só me produziu estranheza a concorrência de duas imagens tão dessemelhantes e até opostas em relação ao rio: cão sem plumas e espada cortante. Gostaria que você me explicasse isso (2001: 126).

Não sei se Cabral chegou a explicar ao seu parente e amigo[2] o significado dessas imagens. No que se refere ao "cão sem plumas", trata-se de uma obviedade, porque nenhum cachorro as tem, e a expressão só se explica na

2 "Manuel Bandeira era meu primo", confessa a José Castello (2006: 260). O certo é que Bandeira e Cabral eram primos de quinto grau: a avó de Cabral pelo lado paterno e a de Manuel Bandeira eram irmãs. Da parte materna Cabral era parente de Gilberto Freyre, que também era primo seu. (2006: 49)

medida em que serve para negar o seu oposto: "o cachorro com plumas", que seria uma imagem surrealista. Com isso, portanto, o que Cabral pretende é negar explicitamente uma estética e uma forma de nomear o real. Todo o poema, como "espada cortante", flui sem centro, sem possibilidade de síntese: é uma linha mironiana, um discurso incessante que permite uma leitura coerente a partir de qualquer estrofe e, inclusive, que se pode ler em sentido inverso, sem perder nem o seu significado, nem a sua intensidade. Uma palavra engendra a seguinte, uma imagem multiplica-se em numerosas variantes como reflexos na água. Não existe outro equilíbrio, nem outra perspectiva que a do próprio fluir da linguagem. Por outro lado, o poema é também uma reflexão sobre a própria realidade e sua representabilidade: "todo lo real / es espeso. / Aquel río / es espeso y real" (Santos Torroela, 1985: 24). [3] Essa densidade e espessura do real se opõe à leveza das paisagens renascentistas e barrocas que se esfumam na distância. O Capibaribe é espesso

> "como una manzana / es espesa. / Como un cachorro / es más espeso que una manzana. / Como es más espesa / la sangre del cachorro / que el cachorro mismo. / Como es más espeso / un hombre / que la sangre de un cachorro. / Como es mucho más espesa / la sangre de un hombre / que el sueño de un hombre" (1985: 24).

Aqui se toca o miolo do real: o sangue, o rio ancestral do humano, a essência do vivo, seja cachorro ou homem, fruta ou pássaro. Assim, o poema transcorre pela paisagem da página, flutuante como uma figura perdida no espaço, vivo como uma serpente e denso de conteúdo "como una espada de líquido espeso". Cabral poderia ter respondido ao seu amigo que a espada é cortante como é cortante um líquido espesso, como é cortante o sangue e a fome, como é cortante "cuando a algo / lo roen tan a fondo / que ya nada le queda" (1985:19).

---

3 Tomamos para este estudo a tradução que Rafael Santos Torroella realizou expressamente para a revista *El Paseante*, que reproduziu, em seu número especial sobre Brasil, de 1985, o poema na sua totalidade. Santos Torroella, poeta e crítico de arte, participou das atividades do grupo de *Dau al Set* e foi amigo pessoal de Cabral nesses anos. De fato herdou a casa da rua Muntaner que o poeta ocupou entre 1947 e 1950.

Em *Psicologia da composição*, ainda não ganhou forma o jorro de voz que se expressa em *O cão sem plumas*, onde pensamento e sentimento se fundem num fluido de linguagem semelhante ao mencionado rio. No seu esplêndido estudo sobre o poema, o acadêmico Antonio Carlos Secchin afirma que o poeta "tenta extrair do real a forma de produção que seu texto deve acompanhar" (1985: 81). Ele destaca também as distintas ordens de realidade que aparecem no poema, na medida em que as comparações vão atando uma teia de referências, do mesmo modo como o próprio texto acompanha o transcurso do rio até a sua dissolução no mar. Outro aspecto importante que se poderia ressaltar é o lugar do "vivo", como característica diferencial do rio. O pintor catalão, na interpretação de Cabral, definia com este termo o fazer-se da pintura como uma "invención permanente", isto é, como um todo e não como uma unidade. O rio seria na memória "como un perro vivo", porque "lo que vive hiere" (Santos Torroela, 1985: 24) e a vida "se lucha / cada día, / el día que se adquiere / cada día / (como un ave / que va cada segundo / conquistando su vuelo)" (1985: 25). Encontramo-nos, pois, diante de uma maneira diferente de enfrentar a vida e o poema: uma identificação do estético e do ético, que conduzirá inevitavelmente a uma nova forma de representar a realidade.

O cão sem plumas abre, portanto, uma nova senda para a poesia brasileira. Após esse livro, já nada poderá ser igual, e o Modernismo de Manuel Bandeira, Murilo Mendes ou Carlos Drummond de Andrade ficará para trás, como essas populações que o rio durante o seu transcurso abandona à sua própria sorte. O poeta do Recife nunca teria podido imaginar a influência que seu poema iria produzir, primeiro na vanguarda brasileira do grupo *Noigandres*, dos irmãos Campos e Dêcio Pignatari, e, depois, nos neoconcretistas. De fato, um poema como *O cão sem plumas* só encontra correlato nesses anos posteriores com o *Poema sujo*, de Ferreira Gullar, também poeta e crítico de arte, que, com a sua teoria do "não objeto", definirá o neoconcretismo de Helio Oiticica, Lygia Clark e Lygia Pape. Artistas estes que, com as suas primeiras instalações de arte, serão capazes de desprender-se da moldura pictórica que tanto obsecava João Cabral.

Cobalto, selo pertencente ao grupo de *Dau al Set*, publicou o livro de poemas *Em va fer Joan Brossa* com prólogo de João Cabral, em 1951. Esse prólogo, posterior, portanto, ao *Cão sem plumas,* foi ocasião para tirar algumas conclusões teóricas da experiência literária que se tinha plasmado no discurso fluido e denso daquele poema. Nele, o poeta pernambucano coloca diretamente, sem preâmbulos nem rodeios, o principal problema que inquieta a arte contemporânea: a sua própria criação. Escreve:

> Quizás el problema esencial del arte actual – la búsqueda de un camino que le lleve a algo distinto, la búsqueda de una puerta de salida –, de la superación de su formalismo, se reduzca a esto: al reencuentro con los hombres (Cabral, 1989: 7).

Isso não implica abandonar nenhum padrão estético, nem voltar a uma nova representação do objeto, como havia defendido no seu ensaio sobre Miró. Agora, ele especifica a questão da seguinte forma:

> El realismo no es una cuestión de forma. Es, esencialmente, una cuestión de sustancia, de asunto. Una manzana en una bandeja pintada con el "trompe l´oeil" no será realismo en el verdadero sentido sino academicismo. [...] De la manzana a los sencillos círculos amarillos y verdes de un cuadro abstracto, el puente es mínimo. Fue el abandono de la dignidad, es decir, de la importancia humana (para los hombres) de los asuntos, el camino que a la larga hizo desembocar a los artistas en un arte que niega radicalmente el asunto (1989: 8).

Nestas palavras Cabral parece ter resumido a dupla busca – estética e ética – em que se encontrava até esse momento, e que a escrita de um livro como *O cão sem plumas* parece ter resolvido. Romper a moldura clássica das artes plásticas e literárias provavelmente é muito importante – foi o que tentaram os modernistas brasileiros e os surrealistas –, mas isso nada significa, se não se faz retornar a expressão artística a suas fontes, que não são românicas, nem primitivas, senão fundamentalmente humanas. Para Cabral, o que importa é o assunto que há de tocar a fundo o miolo humano. "De hecho" – explica –, "la importancia para los hombres del cuadro de una bandeja con manzanas y un cuadro con círculos de color es absolutamente la misma. En cierto sentido, cuando la pintura descendió hasta la naturaleza muerta, el desnudo, el paisaje de tabique, comenzó a ser abstracta" (1989: 8). Em outras palavras, Cabral parece dizer-nos, sem abandonar o símile pictórico predominante nos seus outros textos, que a ruptura estética já se tinha produzido muito antes da aparição das chamadas vanguardas. Uma natureza morta barroca era já um quadro abstrato, na medida em que se afastava do único assunto que preocupa o ser humano: o homem mesmo. A expressão artística há de ser fiel a este princípio em que espectador – ou leitor, e criador – ou autor – unificam-se; em que o poema – ou a obra de arte – servem tanto a seu destinatário, quanto a seu gerador, porque, como já tinha defendido Antonio Gramsci na década de vinte, não se trata tanto de mudar a arte, mas a vida.

Os textos cabralinos escritos entre finais dos anos quarenta e começo da década de cinquenta são testemunhas de uma tomada de consciência estética que, como já foi dito, não só afetará a obra do poeta pernambucano, mas também a própria trajetória da poesia brasileira. Conceitos como dinamismo, liberdade compositiva, invenção permanente e vitalidade, que foram negados pela pintura renascentista – a Pintura – parecem ter sido interiorizados pelo poeta, até virar carne e sangue, lama e água, de um poema que é indagação estética e modelo a ser seguido. Os anos barceloneses de Cabral de Melo Neto, além de iluminadores para os seus amigos catalães, foram de afloramento para o próprio poeta pernambucano. Como um duplo resplendor, sua herança permanecerá tanto no Brasil quanto na Espanha.

Referências bibliográficas

Borrás, M. Ll. "Tres Joans: Joan Brossa, Joan Miró y Joan Prats". In: *Joan Brossa o la revuelta poética*. Departament de Cultura de la Generalitat de Catalunya, Fundació Joan Brossa y Fundació Joan Miró, 2001.

Cabral de Melo Neto, J. "Prólogo". In: *Joan Brossa. Me hizo Joan Brossa*. Barcelona: Lumen, 1989.

________. *Joan Miró*. Tradução de Ernesto Hernández Busto. Barcelona: Sello editorial KM 13.774 de Casa Amèrica Catalunya, 2008.

________. "Tàpies, Cuixart, Ponç". In: *Dau al Set (Joan Brossa, Juan Eduardo Cirlot, Modest Cuixart, Joan Ponç, Arnau Puig, Antoni Tàpies, Joan-Josep Tharrats)*. Zaragoza: Ibercaja, 2008.

Campos, H. de. "Joan Brossa y la poesía concreta". In: *Joan Brossa o la revuelta poética*. Departament de Cultura de la Generalitat de Catalunya, Fundació Joan Brossa y Fundació Joan Miró, 2001.

Castello, J. *João Cabral de Melo Neto:* o homem sem alma & diário de tudo. Rio de Janeiro: Bertrand Brasil, 2006.

Cirlot, L. "El grupo *Dau al Set*". In: *Dau al Set (Joan Brossa, Juan Eduardo Cirlot, Modest Cuixart, Joan Ponç, Arnau Puig, Antoni Tàpies, Joan-Josep Tharrats)*. Zaragoza: Ibercaja, 2008.

Enjuanes Puyol, S. "Reflexiones en torno a la visita de *Dau al Set* a Joan Miró". In: *Dau al Set (Joan Brossa, Juan Eduardo Cirlot, Modest Cuixart, Joan Ponç, Arnau Puig, Antoni Tàpies, Joan-Josep Tharrats)*. Zaragoza: Ibercaja, 2008.

Granell, E. "*Dau al Set*, una conjunción de volcanes desconocidos". In: *Dau al Set (Joan Brossa, Juan Eduardo Cirlot, Modest Cuixart, Joan Ponç, Arnau Puig, Antoni Tàpies, Joan-Josep Tharrats)*. Zaragoza: Ibercaja, 2008.

Luis Vidal-Folch, A. "Líneas cruzadas". In: *Joan Miró*. Tradução de Ernesto Hernández Busto. Barcelona: Sello editorial KM 13.774 de Casa Amèrica Catalunya.

Puig, A. "Joan Brossa. De *Algol a Dau al Set*". In: *Joan Brossa o la revuelta poética.* Departament de Cultura de la Generalitat de Catalunya, Fundació Joan Brossa y Fundació Joan Miró, 2001.

Sánchez Robayna, A. "Significación de *Em va fer Joan Brossa*". In: *Joan Brossa o la revuelta poética.* Departament de Cultura de la Generalitat de Catalunya, Fundació Joan Brossa y Fundació Joan Miró, 2001.

Santos Torroella, R. "El perro sin plumas" (traducción del poema de João Cabral) na revista *El Paseante*. Madrid: Siruela, 1985.

Secchin, A.C. *João Cabral:* a poesia do menos. São Paulo: Duas Cidades, 1985.

Süssekind, F. *Correspondência de Cabral com Bandeira e Drummond.* Rio de Janeiro: Nova Fronteira/Edições Casa de Rui Barbosa, 2001.

Tàpies, A. *Memoria personal.* Barcelona: Seix Barral, 2003.

Vargas de Carvalho, A. "El ensayo de João Cabral sobre la pintura de Joan Miró". In: *Joan Miró*. Tradução de Ernesto Hernández Busto. Barcelona: Sello editorial KM 13.774 de Casa Amèrica Catalunya, 2008.

Uma lição de poesia: Mallarmé, Valéry e Eliot na configuração da poética de João Cabral de Melo Neto

Pablo Zambrano Carballo
Universidade de Huelva

Uma das características mais singulares da obra de João Cabral, com respeito à poesia brasileira – e também sul-americana – do século XX, é a sua natureza metapoética, traço tão aguçado que faz com que teoria e prática se entrelacem até fundirem-se numa parte mais do que considerável da sua produção, desde *Pedra do Sono* (1942), até *Sevilha andando* (1990). A simples leitura de muitos dos seus poemas serve, pois, em grande medida, para traçar, com bastante segurança, a configuração e a evolução da sua poética; tarefa que, ademais, encontra um valioso complemento nos ensaios e nas diversas manifestações públicas – geralmente entrevistas – do autor que, com frequência, giram também, como a sua poesia, em torno da reflexão poética. O objetivo das páginas que se seguem não é tanto expor as linhas fundamentais, por demais conhecidas, da poética cabralina, mas esboçar a importante contribuição teórica de certos poetas franceses e anglo-saxões (Mallarmé, Valéry e Eliot) no assentamento de dois dos seus princípios essenciais: o antissubjetivismo e o racionalismo formalista que tanto distinguem a poesia de João Cabral.

1. O QUE O POETA JOVEM PROCURA NESSE POETA MAIS ANTIGO É UMA DEFINIÇÃO OU UMA LIÇÃO DE POESIA (J. CABRAL).

Não cabe dúvida que a dilatada carreira diplomática de João Cabral influiu de maneira direta na sua trajetória poética. Ele mesmo manifestou, em diversas ocasiões, como o seu trabalho de diplomata lhe permitiu ter tempo livre para dedicar-se ao seu outro ofício, o de poeta, e para conhecer a fundo a literatura e a cultura dos países a que era destinado. Uma prova evidente é a sua profundíssima consciência cultural ibérica. No entanto, o seu profundo iberismo e a sua convicção da unidade cultural entre a Espanha, Portugal e a Ibero-América não o encerraram de nenhum modo num "localismo ibérico", que teria sido, provavelmente, nocivo para sua obra, e que ele soube evitar com grande maestria. Assim, o cosmopolitismo inerente ao exercício da diplomacia afeta toda a sua produção desde 1942, de sorte que basta passar os olhos pela poesia, pelos ensaios e pelas entrevistas concedidas por Cabral para reconhecer a presença de um amplo conjunto de figuras anglo-saxônicas e francesas tão representativas da poesia ocidental como Mallarmé, Valéry, Eliot, Yeats, Pound, Auden ou Baudelaire, entre muitas outras. Não se trata, claramente, de uma lista insignificante de poetas secundários cuja influência ou importância possa ser facilmente eludida. Muito pelo contrário, a sua existência é tão tangível e tão inquestionável para o rumo da poesia contemporânea, que a sua presença na obra de Cabral não pode ser meramente acessória. O tema merece, portanto, uma aproximação crítica particular que aqui limitaremos ao esboço superficial da influência teórica dos três poetas mencionados, pois cremos que isso contribui com especial intensidade à iluminação da poesia e da poética cabralinas.

De entrada, o ponto de partida desta análise poderia parecer contraditório, se nos guiássemos só pelo rechaço explícito que Cabral manifesta, repetidamente, pela espontaneidade e a inspiração como valores essenciais para a criação poética, pois chegaríamos à surpreendente conclusão de que poetas tão importantes como os citados não teriam deixado marca nenhuma em sua obra. É o que parece inferir-se das seguintes palavras, a princípio categóricas:

> Eu não creio que a espontaneidade seja critério de nada [...] O que eu faço espontaneamente não presta, me dá a impressão de que é eco de alguma coisa que eu li ou eco de outra pessoa. Eu acho que a pessoa é autêntica quando trabalha demais para eliminar, daquilo que ela faz, tudo que não é ela mesma, tudo que é estranho [...] Valéry dizia que tudo o que vinha a ele espontaneamente era eco de outra pessoa! Ele só acreditava numa coisa que ele fizesse com rigor intelectual, porque durante esse trabalho rigoroso ele eliminava tudo o que nele era dos outros. O homem acha, em geral, que tudo o que se faz artificialmente é falso e não diz nada dele. Vejo exatamente o contrário: o que você fez espontaneamente é eco de alguma coisa que você leu, ouviu ou percebeu de qualquer maneira (32). [1]

Cabral vale-se de Valéry, com muito acerto, para dar apoio à sua posição de rechaço absoluto pela espontaneidade e à sua reivindicação do artifício como base da sua própria poética. A referência ao poeta francês traz à memória as palavras que o próprio Valéry disse a Jorge Guillén, poeta também admirado por Cabral: "Poesía pura es todo lo que permanece en el poema, después de haber eliminado todo lo que no es poesía" (cit. en Allain--Castillo 1999: 26). A alusão ao poeta de Sète na citação de Cabral precisa ser compreendida principalmente como a adoção de uma doutrina da eliminação enquanto caminha para a pureza poética, e não como a negação e o rechaço absolutos – incompatíveis, além do mais, com a própria natureza da poesia – da presença, direta ou indireta, das vozes de outros poetas na sua própria obra. Assim, as palavras anteriores de Cabral adquirem seu verdadeiro sentido em conjunção com outra declaração sua em que, falando da geração de 1945, afirma o seguinte:

> O que o poeta jovem procura nesse poeta mais antigo é uma definição ou uma lição de poesia. É um esforço para sintonizar sua

---

1 Excetuadas as indicações em outro sentido, o número isolado entre parêntesis que acompanha muitas das citações de Cabral neste estudo remetem à obra de Félix de Athayde *Idéias fixas de João Cabral de Melo Neto*, Rio de Janeiro: Nova Fronteira, 1998, interessante seleção de opiniões do poeta em torno da poesia.

voz à sensibilidade vigente, e como esta se define *d'après* os pontos de cristalização que são as obras dos autores mais poderosos, o que o autor jovem busca no exemplo, ou na influência, desses mesmos autores é um conceito de poesia, a partir do qual realizará sua própria poesia. O que o autor de 1945 busca no de 1939 é uma lição de poética (1998: 77).

São palavras que esclarecem a posição de Cabral, e da sua poesia, com respeito à tradição poética em que conscientemente se insere, e em que afunda as suas raízes. Essa tradição está composta, precisamente, por alguns dos poetas mencionados. Assim, para ele, como para Eliot, o poeta, vítima "da ansiedade da influência" de que fala Bloom, debate-se entre, por um lado, a admissão da tradição e do influxo dos "pontos de cristalização que são as obras dos poetas mais poderosos" e, por outro, a manifestação clara do talento individual na poesia, a fim de conjurar o perigo de que a temida espontaneidade silencie a voz própria em favor das alheias. Essa é a origem de uma das ideias-chave que se derivam das palavras de Cabral: o seu interesse pela *poética* de determinados poetas, mais do que pela *poesia* – o que, por seu turno, talvez explique a dificuldade que surge na hora de rastrearmos a presença real, a copresença intertextual no sentido em que Genette a define, de outros textos nos seus poemas.[2] Em compensação, a natureza metapoética de uma parte significativa dos versos de Cabral permite enlaçar com facilidade a sua poesia e as suas reflexões com as "lições de poética" que buscou e encontrou em poetas como Mallarmé, Valéry e Eliot.

---

2 Não faltam, sem embargo, sugestivos exercícios de intertextualidade, como o contraste entre o poema de abertura de *A escola das facas*, "O que se diz ao editor a propósito de poemas", e o de Rimbaud "Ce qu'on dit au poète à propos de fleurs" (Brandellero, 2011: 27-28), além do diálogo paratextual constante na sua poesia, desde a primeira epígrafe, precisamente de Mallarmé ("Solitude, récif, étoile..."), em *Pedra do Sono*, até os numerosos poemas a poetas como Valéry, Drummond de Andrade, Alberti, Berceo o Quevedo.

2. *Tout véritable poète est necessairement un critique de premier ordre* (P. Valéry).[3]

O caráter essencialmente metapoético da poesia de João Cabral precisa ser entendido, em boa medida, como consequência quase inevitável de seu agudo temperamento crítico.[4] Aliás, de suas declarações (1996: 20) parece desprender-se que a sua militância por uma poesia crítica (ou metapoética) surgiu como compensação ao relativo fracasso de sua primeira ambição, que era a de trabalhar profissionalmente como crítico literário. O fato de o grupo de intelectuais do Café Lafayette de Recife, que frequentava na sua juventude, ter sido mais inclinado à poesia, e o seu trabalho como diplomata desde os 27 anos, que o manteve ausente do Brasil e que lhe impediu de estar em contato direto com a produção literária do país, contam-se entre as causas que o fizeram desistir de exercer ativamente a crítica literária. No entanto, a comprida sombra dessa primeira ambição haveria de projetar-se com intensidade sobre sua carreira poética, até imprimir-lhe o seu particular caráter metapoético. A preeminência do interesse pela teoria literária – pela crítica – em detrimento do interesse pela poesia em si[5] permite entender a ambivalente relação de Cabral com alguns dos seus poetas de cabeceira. Por um lado, ele admira as propostas teóricas – de que em boa medida se apropria. Por outro, deles se separa por questões concretas da prática poética. Assim, de Mallarmé estima sem dúvida o seu rigor e o seu sentido de organização, mas desagrada-lhe o aspecto prosódico de seus poemas, demasiado melódicos para o seu gosto; de Valéry o que lhe atrai é a explicação teórica que faz do seu mestre, Mallarmé, e a lucidez do seu pensamento, porém é taxativo ao avaliar a sua poesia como demasiado "perfumada": "a poesia de Valéry sempre me pareceu secundária, uma espécie de Mallarmé passado

3 (Valéry, 1957: 1335).

4 "Eu tenho temperamento de crítico [...] A minha poesia é quase sempre crítica" (24-25).

5 "A teoria da literatura sempre me impressionou mais do que a literatura propriamente dita" (Cabral, 1998: 20).

por água" (135).[6] O caso de Eliot chama também a atenção: interessa-lhe, como veremos, a sua célebre formulação do correlato objetivo, mas, igualmente, o despacha, com Rilke, com um categórico "tenho aversão por ambos" (142). Essa aversão se refere, em todo caso, só a determinados traços da sua poesia, e não a todos os pressupostos teóricos de Eliot, alguns dos quais Cabral assume com plena convicção.

De qualquer maneira, o que interessa destacar é que Cabral se inscreve conscientemente numa tradição de "poesia crítica" formada por poetas que também foram ativos "críticos poéticos": "Muita gente acha que há uma incompatibilidade [entre poesia e crítica]. Eu não acho. Eliot é um poeta crítico. Marianne Moore é um poeta crítico [sic]. Ezra Pound é um poeta crítico" (25). A esses nomes teríamos que acrescentar muito destacadamente, pela sua importância para a poética cabralina, Mallarmé e Valéry, além de outros, na tradição hispânica, como Jorge Guillén. De todos esses poetas Cabral sentiu-se próximo por compartilhar com eles aquele "temperamento crítico", mas também, e sobretudo, por sua profunda concepção lógica da poesia.

3. *Compreendi que podia haver uma poesia lógica, e que a poesia* não precisava ser obrigatoriamente lírica (J. Cabral).[7]

O rechaço frontal pela poesia lírica, subjetiva e de raiz romântica é um dos pilares da poética de Cabral que, no juízo do próprio poeta, mais distingue a sua obra no contexto de uma tradição brasileira dominada precisamente por um excesso de subjetivismo. Esse excesso ele o atribui, pelo menos em parte, à influência de Pessoa, poeta para ele extraordinário, mas

6 Prova concreta da ambivalente relação de Cabral com Valéry – e com outros poetas – é a compatibilidade dessa valoração negativa com esta outra: "Reconheço, porém, que ele [Valéry] era um grande poeta" (Cabral, 1996: 28). Do mesmo modo, sua admiração pela poética valeryana não lhe impede de estar em desacordo com alguns de seus princípios: "De resto, tenho profundas discordâncias com a poética de Valéry, com seu hermetismo" (48), uma aposta pela clareza poética que também o afasta, por exemplo, da obscuridade de Mallarmé.

7 (36).

ao mesmo tempo nocivo, pois foram os aspectos mais líricos da sua poesia que interessaram em maior medida aos poetas brasileiros: "O mal que Pessoa fez à literatura é imenso" (126). Pelo contrário, Cabral se apresenta a nós, por assim dizer, como o primeiro "antipoeta" que, na literatura brasileira, rompe "con las melifluidades, los sentimentalismos, las pobres melodias [...], pero sobre todo con lo accesorio, lo accidental, la obra del acaso y de su hermana inspiración" (Merquior, 1962: 38). Compreende-se assim o seu esforço contínuo para tentar liberar a sua poesia da presença aniquiladora do temperamento natural do escritor, o que jamais deve ser ponto de partida do poema, pois, segundo os seus princípios poéticos, "será sempre uma influência incômoda contra a qual o autor tem de lutar" (Cabral, 1998: 56). Os primeiros versos de "Dúvidas apócrifas de Marianne Moore", poetisa cuja precisão e disciplina Cabral admirava, revelam bem a dificuldade de semelhante luta:

> Sempre evitei falar de mim,
> Falar-me. Quis falar de coisas.
> Mas na seleção dessas coisas
> Não haverá um falar de mim?

Quando Cabral declara com veemência hiperbólica que "a maior desgraça que aconteceu para a humanidade talvez tenha sido o Romantismo" (88), está se situando conscientemente, em linha com a célebre proclamação eliotiana do romantismo como *excesso*, numa posição ideológica de condenação radical do subjetivismo romântico. Por isso, é aqui que convém situar o debate cabralino, presente nos versos anteriores, sobre como incorporar a emoção no poema sem ter que descrevê-la. Cabral encontra na célebre teoria do correlato objetivo de Eliot uma base teórica muito adequada para responder a essa pergunta. Trata-se de uma técnica que, tal como Eliot a enuncia, tem a virtude de afastar a emoção do subjetivismo mais lírico, dotando-a de uma maior objetividade, e de sublinhar, ao mesmo tempo, a independência do poema como estrutura perfeitamente autônoma. Assim, o que o poeta pretende e consegue fazer é romper a conexão direta entre sujeito e sentimento, afastamento que transforma a emoção como fato autobiográfico em emoção como fato impessoal, que surge e adquire todo o seu sentido do texto em si e não das vicissitudes íntimas do poeta: "Onde está a poesia que fala das coisas? Não se vê mais! Agora, o poeta só fala das suas angústias!" (55). Essa reivindicação cabralina da objetividade e da materialidade das coisas tem por objetivo favorecer a criação de um terreno de clareza compartilhado pelo poeta e pelo leitor,[8] em que seja possível uma comunicação real, que, no seu juízo, resulta gravemente entorpecida com a confusa invasão da subjetividade. Assim como o temperamento natural do poeta jamais deve ser o ponto de partida da escrita, as coisas concretas na poética cabralina também ocupam um lugar específico: o de ser a origem de uma poesia profundamente antilírica que, por meio dos sentidos, deve dirigir-se, na esteira de Mallarmé, Valéry e Eliot, à inteligência.

4. *Então, foi a minha ideia de poesia, uma máquina de emocionar* (J. Cabral).[9]

Diante do rechaço radical ao subjetivismo lírico como base poética, Cabral inclina-se a uma "racionalidade emotiva" (ou a uma "emoção racionalizada"). Para além do aparente oximoro, ele encontra essa síntese à perfeição nas teorias arquitetônicas funcionais de Le Corbusier e na sua concepção da moradia como "machine à habiter" ao mesmo tempo que "machine à émouvoir", ideal que o famoso arquiteto plasmou com maestria na sua comemorada Vila Savoye. A influência determinante de Le Corbusier e da arquitetura funcional na obra de Cabral está fora de toda dúvida. Por isso, não precisamos insistir nesse tema mais do que o estritamente necessário. Na verdade, pode-

---

8 A preocupação pela clareza poética em detrimento do hermetismo (cf. nota anterior 6), com o fim de assegurar um espaço de comunicação objetiva com o leitor é um dos assuntos recorrentes da reflexão poética de Cabral, e em que o diálogo com as ideias de Mallarmé e Valéry (discrepante numa medida considerável) se mostra mais produtivo (cf., por exemplo, "Da função moderna da poesia", em Cabral, 1998: 97-101).

9 (34).

-se afirmar que Cabral concebe a poesia quase como imitação da arquitetura, arte que considera a "mais próxima do que tento fazer com a poesia" (145). Em Le Corbusier, sobretudo, mas também nas teorias funcionais de Joaquim Cardozo e de Lincoln Pizzie,[10] Cabral encontrou a lucidez, a clareza e o construtivismo que o motivaram a se afastar dos devaneios surrealistas de *Pedra do sono* para abraçar uma concepção da poesia como construção arquitetônica, como estrutura em que predomina a inteligência sobre o instinto, o artifício sobre a espontaneidade. Compreensível é, então, o fato de Cabral opor ao admirado modelo arquitetônico de Le Corbusier, baseado precisamente nesse distanciamento entre sujeito e sentimento – cujo correlato (apesar das diferenças) ele consegue na poesia – a "antiarquitetura" de Gaudí, caracterizada pela falta de planificação, pelo triunfo absoluto da improvisação e por uma quase identificação entre sujeito e sentimento. No seu juízo implacável sobre o arquiteto catalão, Cabral associa novamente (anti) arquitetura e (anti) poesia (isto é, romantismo): "[Gaudí] fazia arquitetura como o poeta romântico escreve" (127). Nesse sentido é que a epígrafe de Le Corbusier ("machine à émouvoir") com que abre *O engenheiro* (1945) pode ser considerada como uma declaração de princípios acerca de sua poética. Não esqueçamos, além disso, dos ecos valeryanos de tal epígrafe, pois, com efeito, Barbosa (1996: 67) acertou plenamente ao sublinhar a influência do pensamento de Valéry nas teorias de Le Corbusier, o que nos parece fora de qualquer dúvida. No fim das contas, ele mesmo declarou-se claramente influenciado pelo poeta de Sète, cujo *Eupalinos ou l'architecte* já lia desde os 20 anos.

5. *Quando vejo um poema datado do dia tantos do mês tal fico arrepiado* [...] *Levei dez anos para fazer certos poemas* [...] *O trabalho da poesia é um trabalho intelectual como o de um engenheiro* (J. Cabral). [11]

O interesse de Cabral por Le Corbusier levou-o a aproximar-se, naturalmente, das teorias de um poeta que também encontrou na arquitetura o

10 "O livro decisivo para minha carreira de escritor foi escrito por [Pizzie]" (Cabral, 1996: 28).
11 (70).

modelo ideal para a estrutura poética: Valéry. Resulta mais do que anedótico que, assim como Cabral considerava um livro de Lincoln Pizzie o mais influente para sua carreira como escritor, Valéry tivesse também como um dos seus livros de cabeceira mais consultados o *Dictionnaire de architecture* (1845-1868) de Viollete-le-Duc, o máximo representante da escola racionalista francesa. Por outro lado, no interesse de Valéry pelas matemáticas e pela precisão, e na sua visão do poeta como algebrista, Cabral encontrou também um modelo. Nele baseou sua própria concepção do escritor como matemático que cria, a partir de elementos racionais, o poema que, por sua vez, como produto matemático, dirige-se diretamente à inteligência. Trata-se do poeta-engenheiro:

> O lápis, o esquadro, o papel;
> o desenho, o projeto, o número:
> o engenheiro pensa o mundo justo,
> mundo que nenhum véu escobre.

A definição de Valéry – e, não por acaso, também de Mallarmé – da poesia como "monumentos de disciplina, de supresión, de coerción, de atención, de pureza y finura pura y [donde], como en la geometría, forma y fondo deben ser idênticos.[12]" é perfeitamente aplicável à poesia cabralina. Nos três poetas encontra-se a mesma tensão entre, por um lado, a profunda desconfiança da inspiração, da espontaneidade, do triunfo da subjetividade e do sentimento[13] e, por outro, a certeza de que o melhor antídoto para lutar contra tudo isso é a disciplina que só pode vir do triunfo da razão e da arte.[14] Percebe-se, por isso, uma coincidência entre Mallarmé, Valéry e Cabral, por considerarem como mais importante o "poema em processo" que o "poema

12 Em carta inédita a J. Gobillard (cit. na tradução ao espanhol em Allain-Castrillo, 1999: 17).

13 Em carta para Cazalis a 4 de dezembro de 1862, Mallarmé queixa-se de que "des farceurs de poètes [...] ont abîmé toutes les phrases douloureuses en les fourrant dans leurs complaintes". Célebre é também a aguda resposta que o poeta deu à pergunta "Mais vous ne pleurez pas en vers?": "Ni ne me mouche" (cit. em Nicolas, 1965: 13).

14 "Perfection, c'est travail", sentenciava Valéry (cit. em Nicolas, 1965: 149).

em si", enquanto produto acabado. A obsessão pela elaboração ilimitada e contínua do poema e da obra poética é, para eles, uma maneira, em certa medida, de conjurar o poder da inspiração e da espontaneidade. De fato, por detrás dessa obsessão de Mallarmé por *o* poema, por *a* composição perfeitamente estruturada e hierarquizada, esconde-se o desejo último de triunfar contra o caos. Sem embargo, o conflito permanente entre a unidade de pensamento e a descontinuidade fenomênica dá origem a uma obra de grande complexidade estrutural que, como afirma Nicolas (1965: 14), "contribue dans un texte de Mallarmé à représenter le poète [e, diríamos também, o poema] *ayant lieu* dans sa chambre et dans le cosmos". Valéry, por sua vez, apropria-se também desse estado de construção permanente que define o ato poético quando afirma que "un poème n´est jamais achevé – c´est toujours un accident qui le termine, c´est-à-dire qui le donne au public" (cit. em Nicolas, 1965: 149). E Cabral, de sua parte, chama a atenção metapoeticamente sobre o processo de construção do poema – cujo objetivo último é a negação do mesmo enquanto entidade fechada nascida de um momento de inspiração do poeta – nesse seu gosto por produzir diferentes versões mediante a mudança de alguns versos ou de uma mínima adição de vocabulário (Peixoto, 1983: 178).

6. *O trabalho artístico é [...] a origem do próprio poema* (J. Cabral). [15]

Se tomamos o exemplo do *Le cimetière marin* de Valéry, veremos que sua composição e estrutura denotam um poeta obsecado pela construção do poema como edifício. Essa obsessão reflete-se tanto na importância que determinadas imagens arquitetônicas têm para o entendimento de certas estrofes do poema, como na utilização da regularidade (e também da irregularidade significativa) rítmica e métrica dos versos que funcionam como base da "edificación del sentido" (Richard, 1999: 172) e, muito particular-

15 1998: 65.

mente, na identificação, "como na geometria", de fundo e forma: "La valeur d'un poème reside dans l´indissolubilité du son et du sens [...] C´est l´affaire du poète de nous donner la sensation de l´union intime entre la parole et l´esprit" (Valéry). Essa ideia da identificação íntima entre fundo e forma, tão atraente para Cabral, foi reconhecida prematuramente num artigo seminal – de título significativo – por Crespo e Bedate, autores que caracterizaram Cabral, muito acertadamente, como o poeta da sua geração que "más lejos llevó las exigencias formales, pero de manera que fuesen inseparables del contenido" (1964: 12). E, com efeito, a reflexão sobre a indissolubilidade de sentido e forma foi uma constante da poética de Cabral, que viu precisamente na indagação formal o denominador comum da poesia moderna, seja aquela que parte de uma atitude subjetiva – "a necessidade de captar mais completamente os matizes [...] de sua expressão pessoal" – ou de uma atitude objetiva – "o desejo de apreender melhor as ressonâncias das múltiplas e complexas aparências da vida moderna" (Cabral, 1998: 97).

A indissolubilidade entre fundo e forma presente na obra de Cabral não impede, porém, que possamos considerá-lo como um poeta essencialmente formalista. Mas isso não porque a forma possa dissociar-se do conteúdo; mas porque é a própria forma, o labor realmente de artesanato, que determina a capacidade poética de um autor.

> Fazer literatura e poesia, sempre tive uma visão formal disso tudo. Quando leio, não me interessa o autor pela mensagem que ele traz [...] Um autor cheio de soluções formais é um sujeito que pode vir a fazer um trabalho bom, ser um bom poeta. A questão é essa: o que a pessoa tem a dizer nasce com ela. O que se aprende em arte é a forma – um uso da linguagem que ultrapassa de muito o verso medido, a fuga à redundância, ao cacófato. Não há assunto que seja poético ou antipoético. Existe, sim, um modo de tratar de determinado assunto [...] Esse modo de tratar é que pode ser poético ou não. A poesia, então, não é questão de tema, não é o que a pessoa diz, não é o assunto de que trata. Poesia é a maneira de tratar esse assunto, é o uso determinado da linguagem (35).

Há em Cabral um rechaço quase visceral pela poesia com base em ideias,[16] o qual lembra a aguda réplica de Mallarmé a Degas: "Ce n´est point avec des idées qu´on fait des sonnets [...] c´est avec des mots" (cit. em Nicolas, 1965: 152). Ainda que alguns vejam essa declaração como uma simples "boutade", para muitos outros ela expressa um princípio fundamental da poesia de Mallarmé, que Cabral, por certo, conhecia muito bem[17]. No caso deste último, o formalismo manifesta-se mediante um regrado e rigoroso exercício de linguagem, caracterizado por alguns procedimentos básicos facilmente reconhecíveis, entre eles a criação de versos proporcionais em termos de medida, a organização simétrica de versos e estrofes, a unificação das sonoridades em campos de assonâncias e aliterações, e as recorrências léxicas (Villaça, 1996: 147). Compreensível é, portanto, que Cabral perceba a rima, o ritmo e a métrica como elementos formais em estreita relação com o conteúdo, associados, por sua vez, à noção de obstáculo, dificuldade e esforço que, na sua visão, são inerentes ao ato criador. Ele mesmo encarrega-se de vincular a rotunda declaração "toda criação é dolorosa" (147) com a concepção valeryana da disciplina penosa,[18] articulando uma visão da escrita como origem de angústia e de força vital ao mesmo tempo. Essa percepção, sem dúvida, ele também a encontrou nas reflexões de Mallarmé acerca da terrível impotência que acompanha o esforço de intelectualidade pura necessário ao poeta para a criação.[19] Tal vínculo quase masoquista entre o

16 "Quando vejo alguém cheio de ideias, não ponho muita esperança nele" (35).

17 Essas célebres palavras de Mallarmé amiúde são interpretadas ao gosto de cada um e são citadas isoladamente. Por esse motivo, é oportuno lembrar que, em carta a Henri Cazalis, a 30 de outubro de 1864, e em outra famosa citação, Mallarmé define o fundamento da sua nova poética como "peindre non la chose, mais l'effet qu'elle produit", palavras cuja continuação, menos citada, é altamente significativa: "Le vers ne doit donc pas, là, se composer de mots, mais d'intentions, et toutes les paroles s'effacer devant la sensation" (Mallarmé, 1995: 206). Como bem assinala B. Marchal em citação à margem, essa nova poética, que poderia qualificar-se de impressionista *avant la lettre*, prolonga evidentemente a poética de Poe, tão influente em Mallarmé. Afasta-se Cabral nesse ponto de Mallarmé?

18 "Valéry me convenceu de que, para se criar algo, é necessário um esforço" (87).

19 "J'ai le travaillé ces derniers jours [o poema "Azur"] et [...] il m'a donné infiniment de mal, outre qu'avant de prendre la plume il fallait, pour conquérir un moment de lucidité parfaite, terrasser ma navrante impuissance [...] Je te jure qu'il n'y a pas un mot qui ne m'ait coûté plusieurs heures de recherche" (extrato de carta de Mallarmé a Cazalis, cit. em Nicolas, 1965: 19).

ato criador, a dor e o esforço explica, por exemplo, que Mallarmé, mesmo respeitando o cultivo entusiasta de seus seguidores pelo inovador e revolucionário verso livre, reagisse, a partir de 1887, com uma submissão ainda mais estrita da sua poesia à coação da métrica. À mesma "coerção" de que também fala Valéry, e que Cabral fez sua ao reivindicar, por exemplo, a subordinação consciente da sua poesia à ditadura da rima[20] e da regularidade métrica. Precisamente neste ponto sua relação com o verso livre é conflituosa: se o conceito de liberdade a que se alude vai associado à ausência de disciplina e esforço, da sua perspectiva tal denominação não deixa de ser um oximoro. Cabral contradiz-se quando declara, por um lado, que "o verso livre [é] uma aquisição fabulosa" (92) e, por outro, que "uma das coisas fatais da poesia foi o verso livre" (93), ainda que entre ambas as afirmações, feitas em 1953 e 1988 respectivamente, interponha-se toda uma carreira poética. A fatalidade que Cabral associa ao verso livre, numa época já avançada da sua vida, aplica-se só quando essa liberdade versificadora é tomada como pretexto para prescindir sem mais de uma parte fundamental da elaboração formal do poema. Assim, o erro para Cabral consiste em definir o verso livre em função da ausência de coerção. Em tal sentido, ele enlaça diretamente sua opinião de que "o verso nunca é livre" (93) com as reflexões de T.S. Eliot sobre o versilibrismo e com a sua célebre declaração de que o verso livre não existe (Eliot, 1975: 31), como ele mesmo se encarrega de sublinhar. Por sua vez, a tese de Eliot, suficientemente conhecida e que Cabral sem dúvida assume, repousa na convicção de que na arte não existe liberdade e, portanto, o chamado verso livre, quando é bom, não é por ser precisamente livre, pois nunca poderá definir-se pela ausência de constrições, como o metro ou a rima. Por trás da invectiva de Cabral contra o versilibrismo, percebe-se o eco de Eliot:

> Nenhum verso é livre e nenhum verso se aprende em arte poética. Você tem que criar sua arte poética. Ninguém pode escrever um verso livre. Você tem que descobrir suas regras e, embora não

20 "A ausência da rima inibiria minha expressão" (87).

> sejam regras consagradas, são regras que você respeita religiosamente [...]. Eu acho que o verso livre já foi longe demais, há uma necessidade de se voltar a uma certa disciplina (93-94).

Apesar das reservas, não vemos em Cabral, de modo algum, um rechaço ao verso livre, nos casos em que não se trata de um pretexto para abandonar a disciplina formal. Sem nunca se esquecer do vínculo indissolúvel que existe entre forma e sentido, Cabral vê, no bom verso livre e nos seus experimentos formais, o poderoso leito de expressão de uma realidade moderna cuja rica diversidade não se podia encaixar nas estreitas formas tradicionais, que, no entanto, eram apropriadas para a antiga estabilidade cultural, agora ausente do mundo contemporâneo.

7. *Qualquer leitura é lícita, e quanto mais leituras diversas o poema suscitar, mais rico é o texto poético* (J. Cabral). [21]

As páginas precedentes têm sido um intento limitado de indagação sobre o papel que as reflexões de Mallarmé, Valéry e Eliot desempenharam na construção dos pilares fundamentais da poética de João Cabral: a oposição frontal entre a rejeitada subjetividade e o racionalismo, que o escritor assume como princípio diretor de sua poesia. A linha que vai de Mallarmé a Eliot, passando por Valéry – que se poderia ampliar a outros poetas – ajudou Cabral a decidir-se pelo caminho de uma poesia racionalista que *Pedra do sono*, seu primeiro livro, não parecia anunciar. É claro que as ideias aqui somente esboçadas são, na verdade, de uma complexidade muito maior e teremos que desenvolvê-las num estudo mais ambicioso que considere um espectro mais amplo de poetas e de poéticas. Nesse estudo teremos que tratar, por exemplo, da posição particular que Cabral ocupa na tradição poética moderna, de um modo ou de outro, iniciada por Poe. Não por acaso sua *Psicologia da composição* (1947) aparece unida, simbolicamente, pela semelhança

21 1996: 22

do título e até por suas datas de publicação, à *Philosophy of composition* (1846) do escritor norte-americano. E ao tratar-se de Poe, Cabral estaria sem dúvida de acordo em aceitar o que Borges, no seu *Pierre Ménard, autor del Quijote*, expressou de maneira tão certeira: "Poe, que engendró a Baudelaire, que engendró a Mallarmé, que engendró a Valéry [...]". De fato, ele, que considerava que Baudelaire "sem dúvida alguma, é a base de toda poesia moderna" (121), também sublinhou a importância dessa linha, encabeçada pelo poeta francês: "Para mim, o maior poeta que o mundo já deu foi Baudelaire – e Mallarmé aprofundou a visão da linguagem de Baudelaire. Em Baudelaire tem tudo. O que veio depois dele já estava nele" (Cabral, 1996: 28). Não só neste ponto Cabral coincide precisamente com Valéry, mas também na distinção que este faz das duas linhas poéticas que surgem do autor de *Les fleurs du mal* – a do sentimento e a da razão: "Tandis que Verlaine et Rimbaud ont continue Baudelaire dans l´ordre du sentiment et de la sensation, Mallarmé l´a prolongé dans la domaine de la perfection et de la pureté poétique" (Valéry, 1957: 613). Sem dúvida, numa primeira instância, situaríamos Cabral plenamente na segunda destas linhas propostas por Valéry. Mas, dado que, ao mesmo tempo, ele considera Baudelaire "um dos grandes responsáveis [do] exclusivismo lírico" (54), nós nos perguntamos, com muita razão, se, no caso concreto de Baudelaire, Cabral não suspendeu um princípio básico e irrenunciável da sua poética: a sua aversão pelo lirismo de estilo romântico. De qualquer forma, este assunto serve como prova de que, além de certas ideias axiais e recorrentes que, sem dúvida, articulam a poesia e a poética de Cabral, sua obra ainda pode receber interessantes matizes que contribuiriam para reconsiderar ideias às vezes assumidas de forma acrítica.

Referências bibliográficas

Allain-Castrillo, M. "Introducción". In: Valéry P. *La joven parca / El cementerio marino*. Ed. bilingue de M. Allain-Castrillo e R. Richard. Madrid: Cátedra, 1993, p. 9-103.

Athayde, F. de. *Ideias fixas de João Cabral de Melo Neto*. Rio de Janeiro: Nova Fronteira, 1998.

Barbosa, J. A. "A lição de João Cabral". In: *Cadernos de literatura brasileira*, 1, 1996, p. 62-105.

Brandellero, S. *On a Knife-Edge. The Poetry of João Cabral de Melo Neto*. Oxford: Oxford University Press, 2011.

Cabral de Melo Neto, J. *Obra completa*. Rio de Janeiro: Nova Fronteira, 1994.

________. "Considerações do poeta em vigília" (entrevista). In: *Cadernos de literatura brasileira*. 1, 18-31.

________. *Prosa*. Rio de Janeiro: Nova Fronteira, 1998.

Crespo, Á.; Bedate, P. "Realidad y forma en la poesía de João Cabral de Melo Neto". In: *Revista de cultura brasileña*, 1964, p. 5-69.

Eliot, T. S. *Selected Prose*. Frank Kermode (Ed.). New York: Harcourt Brace & Co, 1975.

Mallarmé, S. *Correspondance. Lettres sur la poésie*. Bertrand Marchal (Ed.) Paris: Gallimard, 1995.

Merquior, J. G. "El Serial de João Cabral de Melo Neto". In: *Revista de cultura brasileña*, 1962, p. 34-41.

Nicolas, H. *Mallarmé et le symbolisme*. Paris: Larousse, 1965.

Peixoto, M. *Poesia com coisas (Uma leitura de João Cabral de Melo Neto)*. São Paulo: Perspectiva, 1983.

Richard, R. "*El cementerio marino*, una odisea existencial". In: Valéry P. *La joven parca / El cementerio marino*, ed. bilingue de M. Allain-Castrillo e R. Richard. Madrid: Cátedra, 1999, p. 157-234.

Valéry, P. *Oeuvres*. Jean Hytier (Ed.). Paris: Gallimard, 1957.

Villaça, A. "Expansão e limite da poesia de João Cabral". In: Bosi, A (Ed.). *Leitura de poesia*. São Paulo: Ática, 1996, p. 143-169.

De Horácio a Cabral de Melo: artes poéticas e mitos

Juan Antonio González Iglesias
Universidade de Salamanca

João Cabral de Melo Neto é um poeta humanista, inequivocamente enraizado na tradição clássica.[1] O segredo encontra-se no vínculo da poesia com a humanidade. A *humanitas* era, ao mesmo tempo, o substantivo coletivo que designava todo o grupo humano, e o abstrato que todos os seus indivíduos compartilhavam. No mundo antigo, a poesia era essencial para a transmissão desses valores, por isso *humanitas* significa, na tradução talvez mais apropriada, "cultura literária". Os grandes poetas têm sido depositários desse legado romano. Entre os primeiros, escolhi aquele que nos ensinou a viver felizes, Horácio, pois provavelmente é o que mais luz projeta sobre o universo de Cabral de Melo, outro clássico, como demonstram os prêmios recebidos, as antologias e os estudos que lhe são dedicados. Com Cabral de Melo vamos analisar o classicismo no centro do século XX. Um debate geral, próprio desse momento, propôs reumanizar a poesia. Devemos vê-lo de uma perspectiva mais aberta, para além do episódio das vanguardas. Cabral defende: "una poesia ampliamente humana. Más ampliamente humana, es decir: con el enorme tema de los hombres. Y no estrictamente humana, con los temas de un solo individuo" (1990: 7). Essa declaração, que se encontra num prólogo a Brossa, é datada de 1951. A consciência de que a poesia toca o núcleo da humanidade é primordial. Cabral aprofunda-se nessa linha: "Esta distinción es muy importante. Quizás el problema esencial del arte actual –

1 O presente estudo se insere no Projeto de Pesquisa: Felicidade e Literatura. Vigência contemporânea dos mitos greco-latinos. MICINN. FFI, 2010-18589.

la búsqueda de un camino que le lleve a algo distinto, la búsqueda de una puerta de salida –, de la superación de su formalismo, se reduzca a esto: al reencuentro con los hombres". E se o assunto é de estirpe horaciana, a formulação de Cabral de Melo não fica atrás: "lo primordial es saber qué objeto se va a pintar, qué objeto es digno de ser pintado. Es hacer regresar al arte el tema de los hombres". Há aqui algumas aparições horacianas que tentarei enumerar por ordem: a humanidade do projeto poético, a referência à pintura, o conceito de arte num sentido amplo, que engloba todas as artes, o horizonte de uma arte figurativa (essencial para o classicismo) e a sintaxe mesma da fórmula, que poderia ter sido extraída diretamente do princípio da *Arte* de Horácio: "que objeto é digno de ser pintado".

Gostaria de descartar aqui duas noções: a de que Cabral foi um classicista, o que é absolutamente falso; e a do realismo, que pouco tem a ver com a figuração. Ele mesmo explica isto com grande lucidez na sua apresentação de Brossa: "el realismo no es una cuestión de forma. Es esencialmente una cuestión de sustancia, de asunto". No fundo, trata-se do velho problema da *mímesis*, da *imitatio*, seja da natureza ou de outra obra de arte. Cabral de Melo propõe soluções contemporâneas para o clássico, que não será um retorno ao passado: "Conseguir, otra vez, la copia exacta de un objeto no nos conduce a ninguna salida definitiva: volvemos al punto de partida" (1990: 8). Esse ponto de partida é o clássico entendido como passado. Cabral pensa no clássico entendido como futuro.

Tudo isso leva-nos a explorar mais a fundo a relação da poesia com as outras artes. Entre a apresentação de um poeta multiartístico, como Brossa, e os vislumbres horacianos, estende-se um arco único. É na *Poética* de Horácio que encontramos uma enumeração das artes, das artes nobres, que servem como pauta para descrever a poesia. Elas acompanham a poesia, como se ela fosse uma arte a mais; ao mesmo tempo, porém, veem-se englobadas dentro do discurso geral da mesma. A poesia é indubitavelmente artística, participa de todas as artes. Em justa contraprestação, todas as artes são poéticas. Essa definição horaciana foi atualizada no século XIX, e pouco importa se de maneira consciente ou não. Contudo, quais artes formam o cânone horaciano? A pintura é a referência inicial. Também a escultura (no grande e nos detalhes), a música e a arquitetura. Outra coisa a destacar aqui é uma questão que os poetas e os estudiosos de Horácio geralmente relegam a um lugar irrelevante, pois não conseguem saber o que fazer com isso: trata-se da comparação entre poesia e engenharia, especificamente a engenharia das grandes obras públicas. No entanto, talvez Cabral seja o único poeta, não só contemporâneo, senão dos dois milênios que nos separam de Horácio, que faz com que a engenharia passe a um primeiro plano. Vejamos isso mais de perto: em *Arte Poética* 64-68, Horácio insere o problema da perduração da obra poética na questão mais ampla da perduração da linguagem. Enumera ali um catálogo de obras públicas: construir portos artificiais, ganhar terrenos para a agricultura dessecando zonas pantanosas e mudar o curso de um rio. Normalmente essas obras não são levadas em consideração na *Arte Poética*, pois são tomadas como intervenções prosaicas no mundo. Contudo, para os romanos estas possuíam uma energia e uma criatividade tal, que levam Horácio a considerar não só que a poesia é uma engenharia, mas também que essas obras de engenharia são eminentemente poéticas, na medida em que modificam ou fazem o mundo. Quem melhor parece ter captado essa função do poeta é Cabral, num livro monográfico sobre o assunto, *El ingeniero*, cuja proposta central concentra-se no poema homônimo: "El ingeniero sueña cosas claras: / superficies, tenis, un vaso de água. / ... / El ingeniero piensa el mundo exacto/ ... El agua, el viento, la claridad, / a un lado el río, en lo alto nubes / ponían en el mundo al edificio". Valéry tinha escolhido o arquiteto, Cabral escolhe a figura do engenheiro. E Horácio, pano de fundo comum a ambos, priorizou também a engenharia na hora de imaginar a linguagem que perece ou perdura. Trata-se de algo tipicamente romano, como se vê, por exemplo, no caso de Vitrúbio, engenheiro de César, autor de um tratado de arquitetura.

A citação inicial do livro sintetiza um conceito de poesia que já foi visto: o de *machine à* émouvoir. Esta fórmula de Le Corbusier coloca-nos diante desse tipo de arquiteto que tem muito de engenheiro no sentido etimológico de *ingenium*, e que a língua portuguesa, segundo creio, conserva melhor do que o espanhol. A emoção que toda a maquinaria verbal deve despertar procede do coração, da consciência da passagem do tempo. Esta solução nos é oferecida por Horácio, ao considerar as obras de engenharia como intrinsecamente humanas, porque elas também, na sua grande escala, estão submetidas ao tempo. Vou citá-lo sempre na minha própria tradução:

> y finalmente, aunque cambie um rio
> su curso, que dañaba las cosechas,
> aprendiendo un mejor itinerario,
> se perderá lo que hacen los mortales.

Cabral, no poema "A Carlos Drummond de Andrade" conclui quase o mesmo e quase com as mesmas palavras:

> No hay paraguas
> contra el tiempo,
> río que fluye bajo la casa, corriente
> que se lleva los días, los cabellos.

É de todo coerente que neste livro, *El ingeniero*, haja não só poemas metapoéticos, mas também autênticos projetos de arte poética, como *El poema* e *La lección de poesía*. É um lugar comum dizer que, nesta primeira etapa de Cabral, a poesia é a protagonista. Ele mesmo está se construindo. Mas, curiosamente, se sua arte poética (em verso) aparece no início da sua trajetória, a de Horácio é quase um testamento e foi escrita no final dos seus dias. Será que a Antiguidade e a Modernidade invertem os termos? Talvez o poeta moderno possa começar antes a construir-se, pelo fato de contar com a experiência dos seus predecessores.

Desde Horácio, sabemos que um poeta com uma arte poética forte não costuma limitar-se a dar uma teoria apenas da poesia. Na realidade, pela sua primazia cronológica e conceitual, isto é, porque são os donos da linguagem, corresponde a eles oferecer uma teoria de todas as artes, além de um catálogo daquilo que a modernidade acabará denominando de belas-artes. Estas são, como apontamos, as que formam o ser humano na sua plenitude, tanto ao exercitá-las, como ao participar delas na qualidade de receptores. Denominadas no mundo antigo de *artes liberais*, o certo é que a sua enumeração vai além daquelas que, estritamente, o cidadão livre pratica. De fato, a lista de Horácio antecipa as belas-artes modernas, organizadas em torno do núcleo da pintura, da música e da escultura. Esta última é fundamental porque o conceito horaciano outorga aos materiais da escultura uma importância decisiva: mármore e bronze são, para ele, paradigmas de estabilidade. Esse caráter material da poesia horaciana tem em Cabral de Melo sua expressão extrema na invocação do mineral. De fato, o trabalho escultórico é o que melhor define o poeta que desbasta, extrai, cinzela e pole até o detalhe mais mínimo da sua obra. A defesa desse trabalho manual (que possui duas vertentes: uma laboriosa e outra de contato) tem um lugar central na poética de Cabral, e foi formulada plenamente na *Psicología de la composición:* "no la forma encontrada / como una concha, perdida / ... sino la forma alcanzada / como el cabo del ovillo". A ideia do trabalho alcança o máximo sentencioso, um pouco mais à frente: "cultivar el desierto / como un huerto al revés", linhas em que não vejo expressão de esterilidade, como opina Ángel Crespo (1194: 15), senão busca do fruto. A metáfora marmórea ou brônzea de Horácio sublima-se no mineral: "Es mineral por fin, / cualquier libro; que es mineral la palabra / escrita, la fría naturaleza / de la palabra escrita". E, sendo o poeta o que dá forma à matéria: "queda la severa forma". Curiosamente, dá-se em Cabral de Melo algo similar ao que acontece em Horácio: as semelhanças estatuárias ou pétreas aparecem associadas a artes menores, artesanatos que estão na fronteira da escultura, onde melhor se manifesta a tarefa do poeta: o *labor limae*. Horácio escolhe a figura dos escultores auxiliares que tinham a tarefa de rematar os detalhes da estátua, sem os quais o poema não conseguiria "la perfección de estatua bien pulida". E escolhe também a olaria (*Arte*, 21-22): "Un ánfora / comienza a recibir su forma propia / ¿por qué, al girar el torno, sale un jarro?".

Por que a olaria? Por seu caráter material e manual, porque é uma arte de contato entre a pele e a terra. E, sobretudo, porque nela faz-se visível o domínio que o artista deve ter sobre a matéria, a cujo movimento giratório se abandona, sem opção de impor a forma desejada. O correlato na obra de Cabral de Melo encontra-se num poema de maturidade, *El forjador de Carmona*. Nele, o artesão informa ao poeta, instruindo-o sobre as diferenças entre o ferro fundido e o ferro forjado. O primeiro é conseguido no molde e "sin lucha", "no hay en él el golpe del brazo / y el cara a cara de forjarlo". O ferro forjado é totalmente distinto: "entonces, cuerpo a cuerpo con él, / lo domo y doblo como quiero". O poema contém a arte da ferraria, a arte da criação poética, que desvela mais do que esconde: "le doy una humilde receta / a usted, que es poeta". Trata-se de procurar a solidez mineral, precisamente a força do trabalho: "el hierro no debe fundirse / ni la voz tener diarrea". Tem-se visto na irrupção deste termo ignóbil (*diarreia*) uma ruptura da preceptiva clássica, agravada pela rima que o associa com *poeta*. Todavia, defenderei aqui o horacianismo geral de Cabral de Melo. Primeiro, porque Horácio não enuncia uma preceptiva sistemática, como farão os seus epígonos modernos. Ademais, é partidário de introduzir palavras novas, até o ponto de ele mesmo usar na *Arte* o verbo *mingere*, para referir-se ao mal poeta. Isso vem a ser o mesmo que faz Cabral. O que os une é o medo a essa verborreia incontida que termina em matéria putrefata. O pior para Cabral é o líquido, tanto no ferro fundido como na logorreia. Portanto, não é questão de qualidade, mas de falta de fixação, o contrário do "estável tesouro" de Valéry. Há poesia deteriorada quando faltam o trabalho e o tempo. Horácio aconselha (*Arte*, 293-294): "descartad el poema al que no hayan / muchos días y muchas correcciones / diez veces sujetado y corregido / con perfección de estatua bien pulida".

Cabral rechaça a inspiração delirante, emanada do mistério: "no la forma obtenida / en lance santo o raro, / tiro a las liebres de vidrio / de lo invisible" (*Psicología de la composición*, VIII). Para evitar o desvario da loucura (que no século XX tomou outros nomes) o poeta deve dar forma (esse é o termo horaciano exato: dar forma, modelar, *fingere*). Cabral diz-nos que as palavras são "potros toros / sujetos" que perduram em "la severa forma" (*Psicología de la composición*). Citar Horácio, depois disso, seria repetitivo.

Por via direta ou indireta, a recuperação de fórmulas romanas, quando é bem-sucedida, leva para o futuro e não para o passado. Esse fenômeno pôde ser observado no Renascimento com toda nitidez. Já no século XX essa forma frutífera de recuperação não se percebe tão bem, pois essas décadas estão ainda muito turvadas. Estamos demasiado perto e demasiado dentro para captar que os grandes modernizadores retomaram as linhas mais limpas do classicismo. Ou, dito na língua de Cabral de Melo, que Valéry, Le Corbusier, Jorge Guillén habitam as mesmas páginas de Anfión. Vejamos isso na metáfora de Brasília: a única cidade fundada pelo século XX, e que vimos erigir-se, levando-nos até o ápice da modernidade, pois depois dela tudo será pós-moderno. Às vezes esquecemos que a fundação das cidades nos remete a parâmetros da Antiguidade. O primeiro deles é o fato óbvio de que as épocas iniciais são fundadoras. Ademais, a fundação de cidades é um atributo de deuses e de heróis, que incorpora artes vigorosas, entre as quais se encontra, para dizê-lo em termos já utilizados, a engenharia como disciplina poética. Remeto-me neste momento ao poema "À Brasília de Oscar Niemeyer" – cidade que o poeta viu levantar-se e onde ele morou. Outros dois poemas podem iluminar também o romanismo antigo e moderno. Neles aparece Sevilha, cidade que constitui o contraponto no universo de Cabral. Em *El aire de Sevilla*, o poeta diz-lhe: "Cantan en mí tus dos mil años". Por um momento Cabral faz lembrar Rodrigo Caro: leva em consideração os bronzes, os mármores, as pedras de Itálica. Neste caso, o bimilenário é justamente a unidade perfeita da tradição clássica: o tempo que nos separa de Horácio. Em *Sevillana pintada en Brasília*, temos a imagem de um pintor brasiliense que tenta pintar uma mulher sevilhana, com o que se aborda o tema da incompreensão da cidade antiga a partir da nova. De novo aparecem três conceitos horacianos: 1) A preferência do simples em detrimento do confuso, do único sobre o múltiplo, que aparece na sua imortal exigência: "En fin, sea lo que quieras, solamente / con esta condición: sea simple y único" (*Arte*, 23). Isso se nota nos seguintes versos de Cabral (o grifo é nosso): "pintando en plan de lotería / el premio que caiga ese día // si alguna de sus diez mil líneas consigue ser *la única línea* // Por cierto el pintor de Brasília / nada sabía de Sevilla / mucho menos que toda la gracia / con *un solo trazo* se traza". Lembremos da imortal exigência de Horácio (*Arte*, 23): "En fin, sea lo que quieras, solamente / esta condición: sea simple y único". 2) O desprezo à arte enlouquecida que aparece em versos como "suelta, pues, la mano alocada / a ver si la confusión gana", os quais lembram o princípio e o final da *Arte* horaciana, em que o pintor louco e o poeta louco aparecem como produtores de monstros. E 3) a prioridade da escultura sobre a pintura, articulada, mais uma vez, em chave críptica: "para captar lo esencial / más que el pincel sirve el puñal". Poderia abrir um quarto item, que seria o da imitação da natureza – tanto no forjador de Carmona, como no pintor de Brasília –, mas esse já resolvemos. Assinalo, sim, que a única "superioridade" de Sevilha é a sua conexão direta com a antiga Roma, culta e popular ao mesmo tempo.

A grande estabilidade do projeto traçado por Horácio faz com que outro poeta, Cabral de Melo, mantenha basicamente o mesmo cânone das artes, atualizando-o com preciosa exatidão no livro *Poesia crítica*, que considero uma de suas artes poéticas. Atrevo-me, assim, a contrariar parcialmente o próprio poeta que, na sua "Nota do autor" sustenta que nenhum desses poemas, nem o conjunto do livro "pretende ser uma arte poética sistemática ou um sistema crítico" (Cabral, 1982: V). Na realidade, é ele mesmo que se contraria quando defende o ofício (que sim conhece) frente ao dom (que, segundo ele, foi-lhe negado). A solução é dada por uma palavra: sistemática. Como o próprio Cabral afirma, o livro mencionado não é nem uma arte sistemática, nem um sistema crítico. Mas é, sim, crítica (como o título indica) e, portanto, também, arte poética. Só que, como Horácio, Cabral não é sistemático. Ele inclui na sua lista a pintura, com Mondrian e Picasso, e a escultura, com artistas como Mary Vieira, dentre outros. Em poesia incorpora: Alberti, Carlos Drummond de Andrade, Sophia de Melo Breyner-Andresen, Rilke, Paul Valéry, Quevedo, Racine, Dylan Thomas, Auden. Em arquitetura, a conhecida tendência à engenharia, em poemas como "À Brasília de Oscar Niemeyer", *Fábula de um arquiteto* [Le Corbusier] e *O engenheiro*. Resulta muito valioso para o nosso tempo ler Cabral, pois permite vislumbrar um horizonte em que as ciências e as letras não estariam distanciadas, e em que a técnica faria parte da poesia, para o bem de ambas.

E aqui chegamos a três artes – a arte dos criadores – que Cabral dignificou no âmbito do sublime: o *cante* e o baile flamencos, além do toureio. Fez isso com uma intensidade que nenhum outro poeta, nem mesmo espanhol, conseguiu. Não me interessa perder-me no debate hispânico entre castiços e ilustrados, em que estes últimos costumam mostrar-se indiferentes, quando não refratários, a algumas ou a todas essas artes. Interessa-me o fato de que Cabral de Melo (arraigado como poucos na estirpe ilustrada, porta-voz também de um modernismo cosmopolita, ibero-americano sim, e com algo de ibérico, mas, antes de tudo, americano), ao aplicar as categorias horacianas, inclua cantores, bailadores e toureiros no seu cânone de artistas, com o mais sofisticado da modernidade. Assim, situa Bernarda e Fernanda de Utrera com Mondrian; e Manolete, El Litri ou Antonio Ordóñez com Le Corbusier ou Niemeyer. Seu conceito de poesia crítica supõe uma poesia que dá forma às coisas do mundo, sendo, portanto, eminentemente horaciano (de *poeta doctus*). Ele constrói a sua própria lista de artes nobres e as propõe ao leitor como fonte de deleite estético e como modelo formativo de humanidade. São "formas de criação" (Cabral, 1982: 5). Não estamos diante de um diletante, mas sim diante de um poeta. Elogia a arte das duas irmãs de Utrera com recursos formais que não podem ser nem mais cabralinos, nem mais horacianos: simetria, frieza formal, fogo contido nos blocos perfeitos. Este não é um fenômeno raro no século XX: por volta dos mesmos anos, o poeta Tomas Tranströmer usará, na Suécia, os severos moldes horacianos para guardar uma torrente de imagens. Não me estenderei destacando a proximidade que Cabral estabelece nas suas páginas entre o toureio e o mais vanguardista dos pintores do século XX, Pablo Picasso, pois, na realidade, foi ele quem deu de bandeja ao poeta essa relação. Sublinho, sim, o poema *Alguns toureiros*, cujo catálogo culmina em Manolete; ordenação que é, também, uma característica clássica, pois a arte clássica é hierárquica. A chamada à excelência soava já em Horácio. E quando Cabral qualifica Manolete como: "o toureiro mais agudo / mais mineral e desperto", ele o está inscrevendo no círculo mais alto de sua própria estética, representando o mineral, o marmóreo e o ferrenho ("o que melhor calculava / o fluido acero da vida, / o que com mais precisão /

roçava a morte..."), oposto ao líquido e ao fluir caótico: "o de nervos de madeira / de punhos secos de fibra / o de figura de lenha / lenha seca da caatinga". Mais uma vez há que aplicar a equação horaciana: o toureio é poético, a poesia é taurina: "como domar a explosão / com mão serena e contida". A imagem da flor, tão presente em Cabral (também no poema do forjador), resume a questão: "sem deixar que se derrame / a flor que traz escondida". O trabalho manual é também imprescindível: "e como, então, trabalhá-la / com mão certa, pouca e extrema". O equilíbrio clássico, oposto ao maneirismo ou ao excesso, confirma-nos que, ao falar do toureio – "sem poetizar seu poema" –, estamos falando não só de poesia, senão, mais exatamente, de todas as artes de uma vez. O toureio, assim, aparece como mais uma arte que participa de todas as outras e as irradia.

No seu discurso diante da Rainha Sofia, João Cabral de Melo (2002: 43) explicitará teoricamente o que estava implícito nos seus versos: "Cuando publico *Los toreros* no es difícil percibir que mi entusiasmo por las corridas cede su puesto a un arte poético". Mais adiante invoca o poema para fechar a bela peça oratória: "Y si es necesario citar lo que a todo esto debe mi arte poética, me gustaría terminar citando um poema mio sobre um matador de toros...". É o *fulmen in clausula*, não só do discurso, senão de toda uma trajetória literária.

Esclareçamos esta questão do povo. Entre os mestres e amigos de Cabral conta-se Carlos Drummond de Andrade, a quem está dedicado o livro *O engenheiro*. O fato de Drummond ter defendido a empatia com o povo revela-nos algo óbvio: que estes poetas não são povo. Neste ponto retorno a Roma, cuja cultura se inscreve nas mesmas siglas que a sua definição constitucional: S.P.Q.R., o senado e o povo. Desde Roma, a cultura ocidental – e, obviamente, sua poesia – é senatorial, aristocrática, mas está indissoluvelmente vinculada à perspectiva do povo. Do mesmo modo, quando Horácio afirma, numa de suas odes, "Odio al vulgo profano y me aparto de él", está marcando uma distância com relação ao vulgo. Mas, cuidado: o vulgo é a antítese do povo, e se o vulgo é irracional, o povo encarna a racionalidade. Assim, o que exprimem os poemas espanhóis de Cabral (também os brasileiros, especialmente os dedicados à sua região natal) é o encontro com o povo, pois a arte popular é imprescindível para a arte nobre da poesia. Mas – e isto é muito importante – ela é imprescindível como criação (o forjador, o bailador de flamenco, os toureiros), mais do que como recepção. Por isso, eles integram-se no seu modelo de criação artística. Os artistas populares, mais do que possíveis leitores, são *outros* poetas e como ninguém, o poeta precisa do contato criativo com eles, pois ambos compartilham dois materiais básicos: a linguagem e o tempo. Cabral (2002: 44) autorretrata-se como "brasileño, nordestino que descubrió el contacto con España y su gente... Con su gente, con su pueblo, porque, pese a mi condición de diplomático", [isto é, de senador] "la verdadera relación que yo trabé con España fue a través de su pueblo, de sus toreros, bailaores e artistas, además de las gentes 'de la calle'". Esse conceito de povo é absolutamente romano e propicia a realização de um poeta que emprega uma linguagem elevada. Na *Arte* (202 y ss.), Horácio fala-nos dos tempos arcaicos, quando a flauta era "leve / y sencilla" e ao teatro "acudia / el pueblo, que podia ser contado / de verdad" e que era "sobrio, casto y pudoroso". Depois a flauta complicou-se, Roma foi crescendo, "una muralla / más amplia iba abrazando ya la urbe", e o povo converteu-se em vulgo: licencioso, bêbado, "un batiburrillo / de rústico urbano, rudo e noble".

O leitor de Cabral já reconheceu as palavras "flauta" e "muro" como termos-chave de um mito central para a arte poética do brasileiro. Em *Psicología de la composición*, livro dessa primeira etapa metapoética, encontram-se três poemas que desdobram o mito de Anfión. Um deles é *Anfión y la flauta*, ouçamo-lo na tradução de Ángel Crespo: "Una flauta. ¿cómo / domarla caballo / suelto que está loco?". Crespo (1994: 14-15) propõe como modelo o *Anfión* de Valéry. Portanto, não temos mais remédio que recorrer a Horácio que, direta ou indiretamente, é a origem de tudo isso. No título e nos três primeiros versos que citaremos em seguida, cabem quatro conceitos nucleares da poética de Horácio. Como primeira figura do tratado horaciano, temos Anfión (*Arte*, 394-396):

> Cuentan también que Anfión, el que fundara
> la urbe de Tebas, desplazaba rocas

hacia donde quería, con la música
de su lira y sus tiernos ruegos. Esto
fue en aquel tiempo la sabiduría:
de lo privado separar lo público;
de lo profano, lo sagrado.

Em Horácio, Anfión é definido como *conditor urbis*, "fundador da cidade". Segundo algumas mitologias (Brink, 1971: 388), Tebas era "the oldest city", único espelho possível da cidade novíssima. Páginas acima fiz alguns comentários sobre o símbolo de Brasília na poética de Cabral. Isto faz pensar que o par Anfión e Cabral supõe mais um: Tebas e Brasília. Cabral está cumprindo, assim, uma das funções do poeta: mitificar, mas o faz com grande elegância, de modo que o leitor apenas percebe e não se sente abrumado por erudições. Por isso não me vou deter no detalhe da lira, que figura na tradição desde Horácio até Valéry. Horácio já tinha pensado na possibilidade de que o instrumento (lira) desobedecesse ao músico, em imagens como a seguinte: "no siempre da el sonido que reclaman / la mano y, antes de ella, el pensamiento" (*Arte*, 348). Esse instrumento díscolo para o músico guarda muitas semelhanças com o barro que desobedece o oleiro. Horácio aprofunda ainda mais: flauta e barro não desobedecem à mão, mas sim ao pensamento. Cabral substituiu a lira pela flauta, mas é essa mesma loucura que tornaria o instrumento imprestável para ele, um poeta inteligente, da estirpe de Valéry, que tem "la *forma mentis* de un ingeniero", segundo a fina silhueta do poeta, traçada por Ángel Crespo (2004: 13). No entanto, para além dos detalhes do mito, e inclusive do seu significado, interessa-me a sua presença propriamente sintática na construção da arte poética de Cabral, a qual o liga fortemente a Horácio. Pouco importa se a conexão é direta ou mediada. Mas, o que dizer da imagem do cavalo solto e louco? Cabral foca-se na domação, que representa a racionalidade. O poeta e o povo, como comentamos, também encarnam essa razão, o *logos* grego, linear e cordial. Doma-se o cavalo, o poema, a flauta e o ferro (o contrário Cabral não precisa nomear, pois o clássico já o fez por ele). Se o artista não conseguir a domação, então não restaria a ele outro remédio que contemplar a sua obra no terrível espelho horaciano, presente no princípio da *Arte* (VV 1-3): "A una cabeza humana unirle un cuello / de caballo, si algún pintor tuviera / esa ocurrencia..." Isto nos leva à estética do monstruoso: "igual que los delirios de un enfermo, / y ni pies ni cabeza allí se dejen / reducir a una única figura". E da monstruosidade passamos à loucura, fechando-se, assim, um círculo horaciano de muitos versos, que Cabral, armado do dom da síntese, comprime num só. O poeta louco na *Arte* de Horácio (v. 470) caracteriza-se pela logorreia: "Tampoco queda suficientemente / claro el motivo por el que no para / de hacer versos". Por tudo isso, algumas das obsessões de Cabral foram esclarecidas: o desprezo pela verborreia do poeta ruim, a necessidade de sujeição, a fuga da loucura, a mineralização da palavra. Não é preciso dizer que a estética de Cabral pressupõe uma ética muito singela e muito antiga e, por isso mesmo, tão contemporânea. Seu gosto pelos limites, pelo trabalho benfeito, pela precisão mais do que estatuária configura uma arte poética que se reconhece como continuadora de Horácio.

Falar de Anfión supõe ter em mente também Orfeu, e Horácio é um dos poucos que os menciona juntos. Orfeu, poeta e músico, aparece em primeiro lugar com uma sacralidade que hoje poderíamos chamar de laica, por civilizatória. Ele é quem acaba com o canibalismo humano e com a ferocidade dos animais (*Arte Poética*, 391-392): "Hubo un varón sagrado, hubo un intérprete / de los dioses: Orfeo". Se Horácio nos parece um clássico demasiado distante, podemos recorrer a outro poeta admirado por Cabral: Rilke e seus *Sonetos de Orfeu*. Sabemos bem quão próximo se encontra Cabral desse mito, do mesmo modo que os grandes modernizadores do século XX, como Picasso (na gravura) ou Cocteau (no cinema). Mencionar que Cabral foi publicado pelas Edições Orfeu seria insignificante a esta altura. Necessário é trazer uma nova faceta de Anfión, apresentada por Horácio nas *Epístolas*, 1, 18, 41-44. Ali, Anfión representa a cultura musical, a vida contemplativa, a vida confiada às artes, ao contrário de seu irmão Zeto, que escolheu a ação e a brutalidade. No fato de Anfión ter cedido diante do seu irmão, vê Horácio uma demonstração de humanidade, uma finura de espírito mais civilizada, capaz de superar os conflitos com inteligência. De maneira que nele achamos um primeiro fruto doce da cultura humanística. Tudo isso (para ir fechando também o círculo deste breve estudo) está contido na poesia de João Cabral de Melo Neto. Cada arte poética guarda uma arte de viver. Que a de Cabral seja fragmentária, assistemática, ascética ou deliberadamente minimalista não é mais do que expressão da sua vigência para nós e da sua validez para os que virão.

Referências bibliográficas

Brink, C.O. *Horace on Poetry. The "Ars Poetica"*. Cambridge: Cambridge University Press, 1971.

Cabral de Melo Neto, J. "Nota do autor". In: *Poesia crítica. Antologia.* Rio de Janeiro: J. Olympio, 1982, V-VI.

________. "Prólogo". In: Brossa, J. *Antología poética.* Lumen: Barcelona, 1990, p. 8-10.

________. "[Discurso de Recepción] III Premio Reina Sofía de Poesía Iberoamericana. 1994". In: VV.AA. *Discursare.* Salamanca: Universidad de Salamanca – Patrimonio Nacional, 2002, p. 39-45.

Crespo, A. "Introducción". In: Cabral de Melo Neto, J. *A la medida de la mano.* Salamanca: Ediciones Universidad de Salamanca – Patrimonio Nacional, 1994, p. 9-3.

Horácio (2012). *Arte Poética.* González Iglesias (Ed.). Madrid: Cátedra, [s.d.].

De pedras e poemas. João Cabral de Melo Neto e alguns poetas portugueses recentes

Hugo Milhanas Machado
Universidade de Salamanca

1. Disposição

Tecendo a Manhã

Um galo sozinho não tece uma manhã:
ele precisará sempre de outros galos.
De um que apanhe esse grito que ele
e o lance a outro; de um outro galo
que apanhe o grito que um galo antes
e o lance a outro; e de outros galos
que com muitos outros galos se cruzem
os fios de sol de seus gritos de galo,
para que a manhã, desde uma teia tênue,
se vá tecendo, entre todos os galos.

E se encorpando em tela, entre todos,
se erguendo tenda, onde entrem todos,
se entretendo para todos, no toldo
(a manhã) que plana livre de armação.
A manhã, toldo de um tecido tão aéreo
que, tecido, se eleva por si: luz balão.

João Cabral de Melo Neto, *A educação pela pedra*.

Há poemas que não acabam nunca. Digo: poemas que insistem numa moderada insinuação de significados, poemas abordados como mãos dispostas ao entendimento, à ordem e à resolução, e que logo acabam voltando a boiar numa e noutra mão, redistribuindo o jogo, como quem diz: e agora, veja estas letrinhas. Que recomece a partida. Foi-nos ensinado que os bons poemas não acabam nunca, porque não acabam de acabar, ou porque não acabam ao acabar. Como consequência dessa formulação, podemos dizer: são poemas que, enquanto ocorrência extraordinária (pela sua excepcional condição) conseguem *fazer língua*, circunscrevendo e reajustando o perímetro do falar. Podemos ainda acrescentar: são poemas que fazem da linguagem um acidente, um motivo de estranhamento, uma extensão de achados, e que mediante esse processo, mostram-nos posturas inesperadas dentro do código da língua. Desafinar com estilo, podemos concluir. E é graças a esse aspecto (dentre muitos outros, mas vamos focar nele), à capacidade assombrosa de conformar línguas,[1] que situamos o poeta brasileiro João Cabral de Melo Neto (1920-1999) na mais alta constelação de (agentes de fabricação) em (e da) língua portuguesa: exercitando sua dimensão poética, polindo-a e destruindo-a, reinventando suas semânticas. Um pacto com a língua semelhante ao que assinaram poetas como Camões, Fernando Pessoa, Carlos Drummond de Andrade e Ruy Duarte de Carvalho, em obras imoladas ao pulmão da língua. São casas cômodas e angustiantes, habitações onde estamos de passagem e, ao mesmo tempo, vemo-nos passando, ficando nos dois lados da janela. Entramos na casa do poema através de seus signos e depois voltamos à grande rua de palavras, desta vez, com uma percepção distinta sobre o plano da cidade: sopesando a luz a partir do balão.

Algum de nós terá certamente ouvido falar (ou terá imaginado e depois ouvido) o conferencista fantasma pronunciando a seguinte declaração, não sem diligência: o argumento deve bastar por si mesmo, a redundância sobra. Já o dizia também Auxilio Lacouture, a mãe de todos os jovens poetas

1 Seguimos a lição do poeta e ensaísta Alberto Pimenta, exposta no seu conhecido texto/palestra sobre a dimensão poética das línguas (Pimenta, 2003). Nele encontramos desenvolvida esta disposição ao assombro da língua através do gesto poético.

mexicanos do romance *Amuleto* de Roberto Bolaño: agradecemos a brevidade. Consideradas tais palavras, poderíamos delimitar imediata e convenientemente o problema que foi colocado no final de uma distante aula de literatura brasileira, e que é o ponto de partida do presente texto. A indagação é a seguinte: a partir de qual lugar iluminava aquela *luz balão* do poema de Cabral de Melo Neto; que tipo de espaço iluminado e iluminador é esse que aparece num dos mais notáveis poemas do poeta do Recife, eixo (mais um entre os quarenta e sete) de um livro fundamental como *Educação pela pedra* (1966)? *Luz balão* ou, em espanhol, "luz globo", se seguimos a tradução proposta e fixada por Ángel Crespo na antología *A la medida de la mano*, que apareceu, em 1994, na ocasião da entrega a João Cabral do *III Prêmio Raínha Sofía de Poesia Ibero-Americana*. Recalibremos a pergunta: que sopro infla a luz gigantesca que coroa o tecido verbal desse poema feito balão?

A questão é intempestiva e convoca de forma não desmedidamente lateral uma interessante reflexão do guitarrista irlandês David Howell Evans (conhecido como The Edge, do grupo U2), a propósito da localização – lugar de irradiação, lugar-coração – do discurso musical. Recuperemos essa consideração, dispondo-a e abreviando-a nos seguintes termos: o mistério da música – executada e realizada – reside, segundo ele, na identificação (iluminação, esclarecimento) do seu lugar de procedência. Falamos, assim, da música como fenômeno extemporâneo, à margem de qualquer contenção de espaço ou de tempo: da extravagância periférica da música, como discurso prescindível (como a literatura, etc.), mas do qual sem, sem embargo, não prescindimos. Interessa-nos, portanto, o princípio da música, o centro do som do fenômeno criativo.[2] Dizia John Cage que não pretendia que a música dissesse algo: queria simplesmente a música, queria perceber a presença do som: "I just want sound", isto é, o inflar paulatino do balão de luz.

De qualquer forma, voltando ao poema cabralino, e sem desconsiderar o propósito de brevidade deste texto, poderíamos, de igual modo, optar por começar tomando emprestada a clareza de uma imagem do poema re-

2 "From where the sound comes", terá pensado The Edge. A proposta (em conversa com Jimmy Page e Jack White) pode ser encontrada no documentário *It might get loud* (2008).

produzido na epígrafe. A sequência é matinal. Imaginamos uma manhã nas primeiras horas do dia, mas uma manhã contínua, pois ela é, ou parece ser, ao mesmo tempo, todas as manhãs. Há galos cantando – isto é, gritando. Os galos estão gritando e o grito de cada um traduz-se no fio de um canto geral de galos, a que prestamos atenção. (Apesar da disposição cadenciada dos motivos, desconsideremos qualquer montagem cinematográfica, e evitemos afigurar-nos um movimento sequencial ou narrativo). Há casas que produzem sombras (por sugestão, a imaginação define construções como esta: os galos estão perto destas casas). Identificamos o recorte de pedras, muros, uma árvore que emerge da noite e revela-se à luz diurna. O implacável e crescente grito dos galos, de poder quase prodigioso, sobrepõe-se, no entanto, a todo o conjunto. O acontecer do som (efêmero), coloca-se acima do existente (detido): a estranheza do grito impera sobre um quadro estanque. A sequência (estática) é importante porque acaba fracassando: as palavras do poema (signos do perímetro dentro do qual podemos aventurar-nos) não contemplam casas nem árvores, não dizem casa, nem dizem árvore, também não dizem pedra. Mesmo assim, e valorizando o canto de gritos, sabemos: houve um primeiro galo, houve um segundo galo que pegou o sopro do primeiro e deu-lhe seguimento... esse galo acabará calando. Percebemos o grito polifônico a partir do timbre de outro galo, e só então reconhecemos a forma de cantar, o tecer de um acidente acústico que, sem embargo, deve-se, todo ele, à invocação de certos nomes: o nome do canto, por exemplo, que permite o reverberar do som, uma vez silenciado seu canal de enunciação. Noutras palavras: percebemos o canto no momento em que cessa. O som é efêmero, mas não o látego da sua vibração. O galo já não canta e, contudo, ouvimo-lo cantar, pois podemos intuir o seu lugar. Que foi o que perdemos? Podemos perguntar, e da mesma forma, entender o despertar de Alejandra Pizarnik no poema "IX" de *Los pequenos cantos* (1971),[3] quando no final voltam a ela os nomes e parece descer do seu balão, no verso "mi canto de dormida al alba / ¿era esto, pues?".

3 Publicado no nº 45 da revista Árbol *de Fuego*, Caracas.

O seguinte passo da imagem da luz balão: situar os galos. O som orienta a disposição dos corpos, como as letras impressas no fundo mais claro, e buscamos o lugar desses gritos. Não o encontramos, pois não há galos cantando. Ao falar de galos cantando, falamos de galos que produzem gritos de galos, de gritos de galos que, entre todos, compõem a manhã. Ou seja, não dispomos nem de casas nem de árvores nem de galos: sobra-nos, portanto, unicamente a manhã, já *composta* e *tecida*, habilmente forjada. No que se segue, será exatamente a imagem desse processo de montagem e costura que nos vai permitir interpretar alguns recortes da poesia de três poetas portugueses recentes, todos eles nascidos na década de setenta: Gonzalo M. Tavares (1970), Daniel Jonas (1973) e Miguel Manso (1979). Para isso, e retomando o segmento do título deste texto, "de pedras e poemas", esclareço a direção da leitura: tal como a conhecida pedra do poema de Carlos Drummond de Andrade – a pedra que se achava no meio do caminho –, os poemas destes autores portugueses servirão de acidentais pontos de interseção com a poesia de João Cabral de Melo Neto. Descarto, pois, uma leitura de corte paternal ou filial, e examino afinidades gestuais, aproveitando que a luz balão ilumina em qualquer lugar da língua.

2. Aplicação

Sabemos que o jovem pernambucano João Cabral de Melo Neto foi jogador de futebol, e que ganhou um torneio na categoria juvenil no ano de 1935, defendendo as cores do Santa Cruz Futebol Clube, do Recife. Tanto o fato atlético como o sucesso competitivo que aqui recordamos vão permitir-nos uma alusão em chave corporal vinda da associação entre o trabalho do músculo (e do osso, curtido na dor) e o do signo verbal, atividades que tem em comum o seguinte aspecto: seu trabalho é o da tensão e distensão de fibras. À contração forçada do músculo segue-se o seu relaxamento; o sossego – ainda que febril – do poema compensa o encolhimento instalado em seu processo de escrita. Estendendo o símile, mas ainda dentro deste quadro de resistência dos materiais perante o gesto intencionado, o gesto do confronto, recuperemos os versos iniciais do poema "A educação pela pedra": "Uma educação pela pedra: por lições; / para aprender da pedra, frequentá-la; / captar sua voz inenfática, impessoal / (pela de dicção ela começa as aulas)". Que a exposição nos sirva num ponto: a pedra do poema de João Cabral – potente símbolo de uma poesia interessada na maneira de se fazer poesia – é a pedra que resiste a amolecer nas mãos do poeta durante a construção concreta do seu edifício de palavras cimentado sobre um princípio mineral (o bordado rigoroso de sua estrutura de significantes entoa sua dicção). Isto pode ser sinal do ofício do poeta engenheiro, o poeta do universo cabralino: cuidar e nomear a pedra da carne, a pedra do nascimento (produzir nascimento), lavrada entre dedos esfaqueados numa indústria de balões.

Enfrentemos então a alusão anteriormente proposta. Muito antes de dedicar-se a tarefas inerentes ao texto literário, o prolífico escritor português Gonçalo M. Tavares (Luanda, 1970) jogou futebol de nível federal no Sport Clube Beira-Mar de Aveiro, ocupando posições muito adiantadas no campo de jogo. Sejamos claros e definamos o lance: Gonzalo M. Tavares jogava de centro-avante, ansiava a meta e estudava meticulosamente estratégias de sucesso. Gols: pela sua região de influência no jogo, Gonzalo convivia de muito perto com a necessidade de concretizar em gols determinadas ideias de ataque, engano e superação. O próprio autor diz que, muito antes de castigar o corpo com questões de metafísica, tinha lesionado o metatarso, e isto deve ser considerado, já que pelo menos uma vez, numa entrevista televisiva que não recordamos com exatidão, ele mencionou isto como explicação de algumas de suas opções literárias. Acrescentamos igualmente mais uma informação, nada desmedida: Gonçalo Tavares é docente universitário na área do esporte e da motricidade humana, atividade que está presente no título de sua primeira reunião de poemas, *Livro da dança*, editado em 2001. Consideremos, sem embargo, um poema de outro livro, o *Investigações. Novalis* (editado no ano seguinte), nomeadamente o poema 59, onde encontramos o seguinte verso: "Como ser um nascimento diferente todos os dias?", seguido pela desafiante e de dimensões programáticas conclusão: "A arte do artista". Se nos é dada a liberdade de ler esses poemas um do lado do outro, compartilhando descobertas e surpresas numa língua comum, a língua *aportuguesada* – pois são fazedores de língua –, queremos colocar os versos do poema de Gonçalo M. Tavares ao lado dos versos finais do poema cabralino citado anteriormente, "Educación por la piedra". Neles encontramos a proposta de uma tipologia mineral e maternal, ou melhor, a concepção da pedra como "una piedra de nacimento". Esta pedra nada ensina, pois ela "entraña el alma": é a pedra do Sertão, a pedra sem tempo destinada à educação dos que saibam soletrá-la, é a pedra social, a evidência dura e madurada da terra, a pedra que nasce todos os dias. Se a pedra da educação ensina de fora para dentro e instrui nos segredos da dicção, a pedra do Sertão manifesta-se, portanto, como centro telúrico de outro tipo de educação: a fala contida e dura do sertanejo, a autêntica educação pela pedra "incapaz de no expresar-se en piedra", retomando em cada amanhecer a sua didática (vide o poema "El sertanero hablando", do mesmo livro). Eis o ponto em que quero entroncar os versos de Gonçalo M. Tavares anteriormente citados. A imagem estruturante do poema, a da aurora (escrita com maiúscula no poema), a do "sol que começa", instaura a sua própria resposta à questão do verso "¿Como ser um nascimento diferente todos os dias?". É o signo do *diferente* que explica a novidade do recém-nascido, "a arte do artista", como querendo dizer: sempre que levanta-se uma palavra diferente, imprevisível, *nasce-se na língua*. Nasce-se, também, recomeçando, sobre o Sertão, da mesma forma que a arte restauradora da pedra cabralina adestra o tato e capacita as mãos para a arte do frio, o frio da terra diferente. E, retomando a lição, o fio do canto, cremos: há sempre duas ou três imagens que nos podem salvar, educadas pelo princípio levitante da luz do balão.

Daniel Jonas, nascido em 1973 em Oporto, é um dos poetas portugueses mais interessantes revelados pelo século XXI, apesar da sua estreia ter sido em 1997, com o livro de poemas *O corpo está com o rei*. São textos de qualidade superior, como *Os fantasmas inquilinos* (2005) e *Sonótono* (2007), editados na primeira década do século atual, que explicam a importância deste poeta que configura um universo poético de exemplar sutileza e precisão. A sua linguagem é um desafio de desmesurada vivacidade verbal e inteligência de argumentos; e segue uma ideia nervosa do verso, dispondo, em consequência, de uma comunicação sacudida por uma dicção igualmente vibrante. Noutras palavras: a maneira de falar da poesia de Daniel Jonas é a maneira de sentir-se *falando* da poesia de Daniel Jonas. Como intenção explícita de dizer algo, sua dicção constitui a evidência do seu argumento (imaginemos o poeta rindo em seu verso e com o seu verso. Esse riso é o seu divertimento possível). O poema "O meu soneto entre outras coisas serve" do volume *Sonótono* – coleção de sonetos de estilo inglês à moda de Shakespeare – ilustra alguns dos traços mais particulares desta poesia. Apliquemo-nos ao primeiro quarteto do soneto: "O meu soneto entre outras coisas serve / Pra despistar tremor essencial, / Pra dactilocantar proporcional / No metro o que é saúde, nervo, verve". Quando uns versos mais adiante o poeta se refere ao *batuque* dos seus dedos e, portanto, ao reverberar acústico da sua experiência da escrita, sabemos definitivamente que estamos diante de um poema que quer falar do poema, de uma perspectiva conscientemente autoral: "meu soneto serve". Quer dizer: *escrevo para* e *por*. De fato, podemos tomar este primeiro quarteto do soneto de Jonas como uma introdução flagrante à sua forma de fazer poesia. O poema arranja e engana o tremor corpóreo da pedra, transformando-o num soneto de verso hendecassílabo, isto é, numa existência verbal de aspecto perfeito, em metro planejado, e forma proporcional; ponderando, assim, suas vontades de fazer-se poema: a intuição da "saúde", a marca do "nervo", o critério da "verve". Uma vez armado o poema, alcançada a sua base e estrutura, ele pode finalmente dispensar da sua armadura, do mesmo modo que a tenda convertida em livre manhã do poema de João Cabral de Melo Neto, isto é, pairando no eco do grito dos galos. O soneto de Daniel Jonas convoca as musas para verificar se as vê bem, e concretiza uma poesia que funciona como um programa de si mesma, como prática de endurecimento controlado, lição que podemos recolher de muitos poemas do mestre brasileiro, inclusive do "Tecendo a manhã" que articula este texto. Terminando a passagem pelo poema de Daniel Jonas – exemplo vivo de rigor cabralino no tratamento que dá à língua portuguesa – concluímos que a luz balão, que ao elevar-se ilumina o céu das coisas, é aqui como que o teto do poema, uma paisagem de saúde, fibras nervosas e vigor. Da mesma forma, a luz balão é a luz que se ascende por si mesma.

Miguel Manso nasceu em Santarém em 1979, tendo publicado até hoje três livros de poemas sob a designação de "Os Carimbos do Gent". Integram essa lista os seguintes livros: ~~*Contra a manhã burra*~~ (mantenho o riscado intencional do título), de 2008, *Quando escreve descalça-se* (alusão a um poema de Sebastião Alba, poeta português nacionalizado moçambiquenho), também de 2008. E *Santo Subito* (*subito* e não súbito), de 2010. Pertencem justamente a este último livro os versos que pretendo analisar, os quais estão dedicados ao edifício da Faculdade de Arquitetura da Universidade de Oporto, construção cuja frieza instiga o olhar do autor. O poema singelamente intitulado de "F.A.U.P", diz o seguinte: "pensei na dificuldade que será / por certo / aprender arquitectura / naquele lugar // sem incorrer no congelamento / (é um eufemismo) da matricula". Considerando a intenção reflexiva do discurso ("pensei em"), esse breve poema coloca problemas relativos à natureza dos materiais, à sua temperatura. A metáfora é disposta em chave arquitetônica e parte de uma observação trivial que, sem embargo, permite fazer conexões com a noção da escrita como instrumento de aprendizado. Vejamos. O edifício da Faculdade de Arquitetura é o lugar onde os estudantes de arquitetura, futuros projetistas de casas, aprendem o seu ofício. O poeta não estuda arquitetura, por isso fala de "aquele lugar", examinando a partir do exterior o conjunto composto pelo edifício e seus habitantes. A observação, escrita em tom humorístico, contempla a seguinte especulação: será possível aprender as técnicas do ofício de proporcionar calor, conforto e comodidade num lugar tão severamente gélido? Passando por alto a distração do "eufemismo" da "matrícula" (a inscrição), o que o poeta quer dizer é que, para aprender arquitetura na F.A.U.P, é preciso estar disposto ao congelamento literal dos corpos. Essa meditação, pois, é fundada por elementos argumentativos de ambientes contrapostos: frio e calor, aprendizado e exercício. Em outras palavras: avaliamos a probabilidade de aprender, num lugar estruturalmente frio, o método que nos permita construir espaços destinados ao bem-estar. Nosso aprendizado – o dos estudantes de arquitetura – é, portanto, um processo de resistência ao entorno magisterial. Podemos realizar uma leitura extensiva e associar a esse raciocínio, aparentemente limitado ao âmbito assinalado, o ofício do povoador do papel: o escritor de textos literários. Mantendo essa orientação e insistindo no poder metafórico do vínculo contratual que representa a "matrícula" no último verso do texto, do lado deste poema de Miguel Manso (literalmente do lado) fazemos a seguinte pergunta: como aprender a escrever com letras de fogo num mar gelado e despovoado, símile da página em branco? Sublinhamos o valor didático da proposta, já que a tensão deste poema joga justamente no nível da gramática do aprendiz, do iniciado no estudo. O giro proposto pelo poema é o seguinte: aprendemos a partir da adversidade e contra a autoridade, quer sejamos estudantes de arquitetura, quer poetas com intenções de poetas ou técnicos em iluminação. Escreve-se um poema porque o espaço da página o permite e porque esse poema antes não existia. Ascende-se a luz porque estava apagada. Da mesma forma, para edificar casas de pedra é preciso selecionar e combinar pedras familiarizadas com as mãos, dispostas ao calor do aprendizado. Deve ser esse o frio apaziguado e solucionado pela energia combustível da luz balão.

3. Resolução

Das pedras aos poemas, dos poemas às pedras. A dimensão reflexiva da palavra poética de João Cabral de Melo Neto reside em ter achado o ponto de convergência possível – e não inevitável – entre o objeto e seu aspecto verbal, entre a insígnia da sugestiva realidade e sua transfiguração como modalidade do dizer. Nesse sentido, é de Abel Barros Baptista uma das sínteses mais clarividentes sobre a poesia do autor de *Pedra do sono*:

> Lugar-comum da crítica cabralina: há duas águas na poesia de João Cabral, delimitadas pela diferença entre *realidade* e *poesia*, e

> assim nomeadas, com as inevitáveis e nem sempre negligenciáveis variações de idioma: a da referência ao real e a reflexão sobre a linguagem poética. Poesia que fala das coisas e da maneira de falar das coisas (Baptista 2000: 273).

Apliquemos a lição: a poesia de João Cabral é uma poesia que contempla a fala das coisas e o pensamento sobre a maneira de falar sobre elas, um lugar da linguagem que medita sobre outro lugar dentro dessa mesma linguagem. Em função desse raciocínio crítico (e tendo em conta o poema "Tecendo a manhã", que confrontamos com os poemas de Gonçalo M. Tavares, Daniel Jonas e Miguel Manso, assim como outros dois poemas de *La educación por la piedra* – o poema homônimo e "El sertanero hablando"), resta-nos concluir esta digressão com a figuração proposta por João Cabral de Melo Neto num poema do mesmo livro. Refiro-me a "Retrato de escritor" e a duas imagens que nos permitem avistar o traço de afinidade desta pequena comunidade de poetas – habitantes da língua portuguesa –, composta por de Melo Neto, Tavares, Jonas e Manso. Suas poesias são exercícios de comoção e firmeza, escritas no limite da água quente com a água gelada, região de natureza "insolúvel" – como lemos neste poema do mestre brasileiro – convertida em solúvel mediante as gotas de "toda tinta de escrever" (signo de ocupação do vazio, *diamante líquido*). Conservemos a figura da água quente e da água gelada, matéria capaz de amolecer e limpar os objetos, quer dizer, instrumentos ao serviço da modelação das coisas. Retomando e instalando a síntese de Abel Barros Baptista, o poeta trabalha com a mão quente e com a mão gelada ao mesmo tempo, estudando e concretizando, polindo e rematando. Eis aqui o ponto a que me interessava chegar, e do qual, no final das contas, acabei de sair. Vejo a luz balão do poema de João Cabral de Melo Neto, busco-lhe o ponto de origem, aproximo-me – quero ser um leitor valente –, mas os meus olhos acabam falhando.

Referências bibliográficas

Baptista, A.B. "Ortopedia do símile". *Colóquio/Letras*, 157/158. Lisboa: Fundação Calouste Gulbenkian, 2000, p. 273-279.

Bolaño, R. *Amuleto*. Barcelona: Anagrama, 1999.

Cabral de Melo Neto, J. *A la medida de la mano*. Salamanca: Ediciones Universidad de Salamanca, 1994.

Jonas, D. *Sonótono*. Lisboa: Edições Cotovia, 2007.

Manso, M. *Santo Subito*. Lisboa: Ed. Autor, 2008.

Pimenta, A. *O silêncio dos poetas*. Lisboa: Edições Cotovia, 2003.

Pizarnik, A. *Poesía completa*. Barcelona: Lumen, 2001.

Tavares, G.M. *Livro da dança*. Lisboa: Assírio & Alvim, 2001.

_________. *Investigações. Novalis*. Miraflores: Difel, 2002.

João Cabral de Melo Neto: Um esboço de poética a partir da prosa

Ascensión Rivas Hernández
Universidade de Salamanca

1. A origem da poesia: *Ingenium/ars*

Na história da teoria literária, o pensamento de Platão é considerado o paradigma da visão da poesia como arte de origem divina. No *Íon*, por exemplo, o ateniense elabora um discurso quase lírico sobre a figura do vate endeusado,[1] ainda que ele mesmo depois abjure este pensamento juvenil e chegue até a justificar a expulsão dos poetas do Estado Ideal no Livro X da *República*.[2] Mais perto de Sócrates, Aristóteles defende o conceito de literatura como mímesis da realidade. Propõe que a poesia é uma imitação baseada no

1 "Es una cosa leve, alada y sagrada [el poeta], y no está en condiciones de poetizar antes de que esté endiosado, demente, y no habite ya más en él la inteligencia" (*Íon*, 1993: 534 b).

2 Platão rechaça do seu Estado ideal todo tipo de poesía mimética, pois a imitação se baseia no que parece, e não no que é ("En tal caso el arte mimético está sin duda lejos de la verdad, según parece; y por eso produce todas las cosas pero toca apenas un poco de cada una, y este poco es una imagen" -1988: 598 b-). Por outro lado, a poesia trágica e a poesia cômica não são consideradas aptas para a educação do cidadão modelo, porque estão baseadas na mímesis e porque os seus personagens abandonam-se em excesso ao choro e ao riso que, ao apelar à parte irracional do homem, encontram-se muito afastados do ideal platônico de temperança ("[el poeta imitativo] produce cosas inferiores en relación con la verdad, y [...] trata con la parte inferior del alma y no con la mejor. Y así también es en justicia que no lo admitiremos en un Estado que vaya a ser bien legislado, porque despierta a dicha parte del alma, la alimenta y fortalece, mientras echa a perder la parte racional [...]" -605 a-b-). Platão, finalmente, radicaliza sua postura no Livro X da *República*, onde decide não aceitar nenhuma forma de poesia imitativa ("pero hay que saber también que, en cuanto a la poesía, sólo deben admitirse en nuestro Estado los himnos a los dioses y las alabanzas a los hombres buenos. Si en cambio recitas a la Musa dulzona, sea en versos líricos o épicos, el placer y el dolor reinarán en tu Estado en lugar de la ley y de la razón que la comunidad juzgue siempre mejor" -607 a-).

verossímil e no necessário, e substancializa o conceito de ficcionalidade: sem dúvida, um dos achados mais relevantes da sua teoria poética.

Toda a reflexão posterior sobre a origem da poesia repousará sobre estes dois autores – Platão e Aristóteles –; e suas ideias serão matizadas e adataptadas pelos diversos horizontes de expectativas que irão aparecendo durante sua transmissão ao longo dos séculos. Horácio, um dos primeiros conciliadores, acreditava na necessidade de o poeta possuir ao mesmo tempo *ingenium* – ou *natura* – e *ars*, quer dizer, talento inato que o habilitasse a criar, e conhecimento de técnicas e normas para organizar seu gênio artístico. Durante a Patrística também é defendida a necessidade de os dois componentes aparecerem juntos no bom poeta, e o mesmo acontece nas primeiras reflexões teóricas escritas em espanhol, como revelam os textos de Baena, Santillana e Encina.[3] No final do século XVI, Pinciano apoia a teoria mimética de origem aristotélica,[4] e o mesmo farão depois Cascales[5] no século XVII e Luzán[6] no século XVIII, para citar apenas dois dos teóricos de estilo classicista mais significativos.

A teoria platônica também tem estado presente em toda a história da poética, ainda que às vezes de forma pouco visível, devido ao predomínio da ortodoxia aristotélica. Aflora com força no Barroco, na corrente que parte de Herrera e continua em Carvallo e em Carrillo e Sotomayor,[7] a qual valoriza o talento de uns poucos capazes de criar uma literatura que só uma elite muito culta e talentosa será capaz de compreender. E no Romantismo reaparece renovada, pois se eliminam os corpetes normativos, surge a ideia do gênio criador e os escritores procuram paraísos artificiais para atrair a Musa.

3 Trata-se destas obras: *Prologus Baenensis* (circa 1445), *Carta*, escrita pelo marquês de Santillana como prólogo a suas obras e enviada ao condestável dom Pedro de Portugal (1449) e *Arte de poesía castellana*, composta por Juan del Encina para o príncipe Juan (1496).

4 Alonso López Pinciano, *Philosophía antigua poética* (1596).

5 Francisco Cascales, *Tablas poéticas* (1617).

6 Ignacio de Luzán, *La poética o reglas de la poesía en general y de sus principales especies* (1789).

7 Luis Alfonso de Carvallo publicou *El cisne de Apolo* (1602) e Luis Carrillo y Sotomayor seu *Libro de la erudición poética* (1611).

2. João Cabral de Melo Neto e seu conceito de poesia

Um poeta não é só um artista que experimenta com a palavra, mas também alguém que está em ótimas condições de refletir sobre a obra ou de explicar como se origina e se desenvolve a sua tarefa de escritor. Por isso, em inúmeras ocasiões as atividades de teórico e de criador coincidem numa mesma pessoa. Assim tem acontecido desde as origens da poesia, quando, como acabamos de ver, os grandes pensadores eram também autores da palavra esteticamente cultivada. Durante o século XX, ademais, e devido talvez a que desde o Romantismo tinham desaparecido as antigas normas que definiam e delimitavam o literário, tem sido constantes as observações dos poetas sobre sua forma de escrever e sobre o que consideram a origem e a causa da sua criação. Apesar de João Cabral de Melo Neto não ter sido muito prolífico na escrita teórica, ele compôs alguns textos que merecem ser desempoeirados para compreender melhor a motivação da sua ocupação literária. Em grande medida, trata-se de reflexões que vieram à luz nos anos cinquenta do século passado. Nelas, ainda que também se possa extrair um conceito pessoal da criação que coincide com a prática literária de Cabral, o poeta do Recife abordava problemas que, da sua perspectiva, afetavam à poesia do momento. Trata-se das contribuições teóricas que aparecem em trabalhos como *Poesia e composição* (1952), *Esboço de panorama* (1953), *Da função moderna da poesia* (1954), assim como na "Nota do autor", que precede sua *Poesia crítica* (1982), no discurso de recepção do *III Prêmio Rainha Sofia de Poesia Ibero-Americana* (1994) e no agradecimento pelo prêmio Neustadt, de 1992.

2.1. A origem da poesia. Poesia achada e poesia elaborada

Em *Poesia e composição*, trabalho de 1952, o autor reflete amplamente sobre a escrita, mas de forma talvez pouco clara e sem contribuir com soluções para a valorização problemática que faz do modelo literário dos seus contemporâneos. Estas chegarão só nos trabalhos posteriores, os quais completam e matizam o pensamento cabralino. Na reunião de todos estes documentos podem ser traçadas, assim, as linhas mestras do seu conceito de composição poética.

Como Cabral assinala, em meados do século XX e no âmbito da literatura brasileira, a poesia foi ganhando terreno em relação à prosa, que desde os anos trinta tinha gozado de um espaço privilegiado (Melo Neto, 1997::1953:87). Dentro do gênero lírico, o autor distingue duas formas fundamentais de escrita – a *poesia achada* e a *poesia elaborada* –, que revelam dois modos de entender o poético, os quais coincidem com os dois conceitos transmitidos desde o classicismo por Platão e Aristóteles, como assinalamos no início. Tratar-se-ia de diferenciar entre um tipo de poesia que se apresenta ao poeta de forma quase gratuita – a *achada* –, e outra que tem de ser buscada afanosamente e com esforço – a *elaborada*. No primeiro caso, a poesia:

> [...] e o ato de escrever o poema, que neles se limita quase ao ato de registrar a voz que os surpreende, é um ato mínimo, rápido, em que o poeta se apaga para melhor ouvir a voz descida, se faz passivo para que, na captura, não se derrame todo esse pássaro fluido. (1997::1952: 52)

Mas, no caso da poesia elaborada, o autor se vê obrigado a realizar a obra com uma dedicação que "é feita de mil fracassos, de truques que ninguém deve saber, de concessões ao fácil, de soluções insatisfatórias, de aceitação resignada do pouco que se é capaz de conseguir e de renúncia ao que, de partida, se desejou conseguir". (1997::1952: 51). O primeiro tipo de poeta mencionado parece deixar-se levar, e a poesia faz-se palavra nele como por arte de magia. Ao segundo, contudo, vemo-lo sofrer, esforçar-se e sentir a decepção de a obra final não responder ao seu enorme sacrifício. Trata-se, como é evidente, das antigas doutrinas platônica e aristotélica postas a limpo pelo poeta do Recife nos anos cinquenta.

Cabral de Melo exemplifica essas duas formas de escrita também na sua poesia. A composição intitulada "Algunos toreros" do livro *Paisajes con figuras* (1954-1955) detalha, assim, diversas formas de tourear que se podem equiparar a distintas maneiras de escrever. Ao referir-se ao toureio de Julio Aparicio, alude a sua "ciencia fácil de flor / que angustia por explosiva", que pode ser compreendida como metáfora da *poesia achada*; enquanto Manolete, na sua forma de tourear, mostra "cómo domar la explosión / con mano sobria y tranquila / sin dejar que se derrame / la flor que trae escondida", em referência à poesia elaborada. O próprio Cabral assinala a possibilidade de comparar a arte do toureio e a arte da escrita, ao afirmar que com sua atitude ascética, deserta e mineral, Manolete consegue "enseñar a los poetas":

> Sí, yo vi a Manuel Rodríguez,
> *Manolete*, el más asceta,
> regar su flor y también
> enseñar a los poetas.
> (Melo Neto, 1994: 100-101).

Na sua teoria, Melo Neto vincula a poesia inspirada à experiência direta, o que quer dizer que o poema é para ele a própria experiência, a expressão de um momento concreto. Tratar-se-ia de uma experiência de caráter objetivo, muito afastada do interior do poeta e da sua subjetividade. Nesse sentido, Secchin (2009: 5) refere-se à ocultação que Cabral faz do seu *eu*:

> Cuidadoso con su privacidad, João Cabral siempre evitó la exposición autobiográfica, y fue un extremado cultivador de la poesía en la tercera persona, y no en la primera: para él, el "yo" no debería exhibirse en espectáculo, sino ocultarse para que todo lo que no fuera el sujeto pudiera aparecer en el poema, liberado tanto como posible de la sombra o del peso del creador.

Contudo, João Cabral desconfia de ter conseguido essa objetividade, e em "Dudas apócrifas de Marianne Moore" do livro *De agrestes* (1981-1985), escreve:

Siempre he evitado hablar de mí,
hablarme. Quise hablar de cosas.

¿Pero en la selección de estas cosas
no habrá un hablar de mí?

¿No habrá en ese pudor
de hablarme en una confesión,
una indirecta confesión,
al contrario, y siempre impudor?

La cosa de que hablar
¿hasta dónde es pura e impura?
¿O siempre se impone, incluso impura-
mente, a quien de ella quiere hablar?

¿Cómo saberlo, si hay tanta cosa
de qué hablar y no hablar?
¿Y si el evitarla, el no hablar,
es un modo de hablar de la cosa?[8]

As dúvidas do autor são muito razoáveis, pois certamente é por meio daquilo que não dizemos e pela forma de dizer o que dizemos que o homem mostra essa parte íntima que pretende ocultar. De fato, Cabral, tão refratário à expressão "eu", acaba concluindo que, apesar do esforço, a ocultação do poeta na obra é uma quimera.

De qualquer maneira, essa experiência direta aludida anteriormente desapareceria, se não fosse recolhida com as palavras exatas que a fixaram. Por isso, esses poemas não estão nem estruturados nem elaborados, mas surgem como são, com vida em seu interior e encerrados nos termos em que foram criados. Como o próprio Cabral dirá mais adiante, esse poeta espera o

8 Insiste João Cabral sobre o mesmo tema no poema "Homenaje renovado a Marianne Moore", do mesmo livro.

poema "com seu tema e sua forma" (1997::1952: 61), da mesma maneira que Homero e Hesíodo confiavam à Musa o canto e a palavra. E se é assim, quer dizer, se o poema surge completo nos termos em que aparece, o texto há de ser, portanto, perfeito, pois não poderia nem conter outra experiência, nem ser expresso de outro modo – também para Platão o poema surgia perfeito nas palavras ditadas pela Musa. Ademais, segundo Cabral, nesse poema o autor estaria plenamente refletido tanto nas vozes, como na experiência vital que o definem e o perfilam.

Esta teoria, como assinala o pernambucano, teve duas consequências desafortunadas: a primeira é o "desprezo considerável pelos aspectos propriamente artísticos da poesia" (1997::1952: 60), pois se a obra nasce perfeita na sua forma e nos seus termos, então o trabalho zeloso e aplicado do autor sobra; e a segunda, que dela deriva, é a repulsa ao exercício profissional da literatura. Esta perspectiva supõe, no fundo – e nem tão no fundo –, que qualquer um pode ser poeta, e que o exercício da poesia não precisa da batalha com a linguagem, do esforço para conseguir a expressão mais depurada, da análise do sentimento – ou daquilo que o poema fizesse surgir –, do conhecimento e da aplicação de regras fixadas nas preceptivas. E tudo isso de forma contrária a como tinha acontecido em épocas anteriores. É a imagem do poeta inspirado que aqui é definida, alguém alheio para si e para tudo o que não seja pôr no papel – ou na voz – sua própria experiência comunicada pelas forças irracionais que o possuem no ato da escrita. É, em definitivo, a representação do vate que Platão transmite aos românticos, e o mesmo conceito que popularizou o idealismo de Croce.

Mas há uma segunda família de poetas, formada pelos que fundamentam seu labor artístico no trabalho e na reflexão. Trata-se de autores muito pouco frequentes, menos ainda no âmbito da poesia brasileira, como assinala Cabral, apesar de ele mesmo pertencer a esta raça.[9] Em tais casos, a

9 Na "Nota do autor" que antecede a antologia *Poesia Crítica* de 1982, Cabral manifesta sem rodeios aquilo que já aparecia insinuado na sua conferência de 1952: "Mas o autor deve confessar que, infelizmente, não pertence a essa família espiritual para quem a criação é um dom, dom que por sua gratuidade elimina qualquer inquietação sobre sua validade, e qualquer curiosidade sobre suas origens e suas formas de dar-se" (p. v). Do mesmo modo,

obra artística apresenta-se como mais objetiva, e seu criador aparece como um artesão da palavra, alguém que primeiro vive uma experiência, que depois deixa repousar, e que por fim elabora racionalmente no poema essa experiência lembrada. Na sua poesia João Cabral também põe isso em relevo. Em "La lección de poesia", pertencente a *El ingeniero* (1945), alude à emoção morta que ressurge na escrita: "Carbón de lápiz, carbón / de emoción muerta, carbón / en los sueños consumido (Melo Neto, 1994: 53). E, em "De Psicología de la composición" do livro *Psicología de la composición* (1947), refere-se à recriação, no ato da escrita, da emoção vivida no passado: "(Espera, por eso / que la joven mañana / venga a revelarte / la flor de la víspera" [p. 59]).

Esses poetas desfrutam da realidade e reservam a sua lembrança para utilizá-la quando for chegado o momento. Às vezes, inclusive, esquecem essa experiência e, quando a recuperam, ela aparece transmutada em outra coisa e revestida de palavras que a fazem diferente. Para esses vates o trabalho é fundamental, porque sabem que quanto maior a dedicação, maior o rendimento. O poema não consiste aqui em deixar-se levar pelo momento imediato, mas em cultivar o máximo de situações – boas e más – e em aplicar-se com afinco sobre elas para conseguir a expressão mais bem aquilatada e o objeto mais depurado. De fato, em "El forjador de Carmona" do livro *Crimen en la calle Relator* (1987), Cabral relaciona a poesia com o trabalho do forjador, que molda o ferro "cuerpo a cuerpo con él " (Melo Neto, 1994: 275), com luta, a "golpe de brazo", com esforço quase sobre-humano. E em "El catecismo de Berceo" do *Museo de todo* (1975), utiliza a metáfora da água canalizada em referência à palavra poética trabalhada:

> Ni dejar que la palabra fluya
> como río que crece siempre:
> canalizar el agua sin fin
> en otras paralelas, latente." (p. 226)

---

em 1992, Melo Neto considera que a poesia está para além do que o Romantismo chamou de Inspiração (1997::1992: 135), e numa entrevista de 1995, apenas quatro anos antes da sua morte, ainda a rechaça: "El escritor brasileño todavía cree en la inspiración, cree que va a llegar a un encuentro y hablar bien fundamentado solamente en la improvisación, en la inspiración. Yo no creo en eso" (AA. VV., 2009: 21).

É, curiosamente, o mesmo caso de nosso Bécquer, como ele mesmo o assinala nas *Cartas literarias a una mujer*, por meio de palavras que corroboram o conceito cabralino da poesia:

> [...] por lo que a mí toca, puedo asegurarte que cuando siento no escribo.
>
> Guardo, sí, en mi cerebro escritas, como en un libro misterioso, las impresiones que han dejado en él su huella al pasar; éstas ligeras y ardientes, hijas de la sensación, duermen allí agrupadas en el fondo de mi memoria, hasta el instante en que, puro, tranquilo, sereno, y revestido, por decirlo así, de un poder sobrenatural, mi espíritu las evoca, y tienen sus alas transparentes que bullen con un zumbido extraño, y cruzan otra vez a mis ojos como en una visión luminosa magnífica.
>
> Entonces no siento ya con los nervios que se agitan, con el pecho que se oprime, con la parte orgánica y material que se conmueve al rudo choque de las sensaciones producidas por la pasión y los afectos; siento, sí, pero de una manera que puede llamarse artificial; escribo, como el que copia de una página ya escrita; dibujo, como el pintor que reproduce el paisaje [...].
> (Bécquer, 2004: 460)

O sevilhano apresenta-se, então, como um poeta atípico dentro do Romantismo espanhol,[10] porque seu pensamento sobre a escrita discorda da

10 É curioso perceber, neste sentido, como na sua ideia sobre a origem da poesia, e de forma contrária à proposta romântica, subjaz um conceito particular de mímesis. "Escribo como el que copia de una página ya escrita" (Bécquer, 2004: 460), diz ao referir-se ao momento da escrita. Deixa-se esfriar o sentimento, que é retido em algum lugar da memória, e, desde lá, como quem copia, é deslocado ao papel por meio da palavra. É interessante tomar nota disso, porque no Romantismo a teoria aristotélica da mímesis é rechaçada, pois acredita-se firmemente na ideia platônica do gênio criador e na ascensão das forças interiores do poeta. A de Bécquer seria, então, uma poética singular. Como se mostra na primeira das *Cartas*, inicialmente a mulher revela-se como a musa inspiradora do sentimento e da poesia; mas, na segunda, o poeta faz clara alusão à *cópia* das paixões e dos sentimentos, recuperados do fundo da memória durante o ato criador. Ele mesmo reafirma essa ideia quando assinala: "Efectivamente es más grande, más hermoso figurarse al genio ebrio de sensaciones y de inspiración, trazando a grandes rasgos, temblorosa la mano con la ira, llenos aún los ojos de lágrimas o profundamente conmovido por la piedad,

poesia arrebatada, que está em sintonia com a corrente platônica mais ortodoxa – comum entre seus coetâneos –, e sustenta um conceito reflexivo da arte literária.[11] É também o caso de Eugenio G. de Nora (2004: 237), que se refere a diversas fases do processo criador, que vão desde a intuição ou o lampejo do sentimento até a plasmação em palavras da experiência não verbal, "lugar de llegada, de ámbito de revelación que va suscitando el boceto del poema, precisamente al irse elaborando", diz o poeta.

João Cabral mostra como esse tipo de criador, do mesmo modo que o poeta inspirado, vê-se lastrado por dois problemas. O primeiro é o que toca à poesia de meados do século XX, que, ao carecer de uma norma concreta que lhe permita verificar a finalização da sua tarefa, pode estender-se temporalmente até o infinito na elaboração do poema, buscando a sua perfeição. Por outro lado, o trabalho passa a ser considerado como fundamental, inclusive mais que a própria obra, de modo que interessa antes o caminho, que a meta; antes o esforço, que o poema; e o poeta cria-se mais e mais barreiras só para ter que superá-las. Nas palavras de Cabral:

> O trabalho se converte em exercício, isto é, numa atividade que vale por si, independentemente de seus resultados. A obra perde em importância. Passa a ser pretexto do trabalho. Todos os meios são utilizados para que este se faça mais demorado e difícil, todas as barreiras formais o artista procura se impor, a fim de ter mais resistências a vencer. Este seria o estágio final do caminho que a arte vem percorrendo até o suicídio da intimidade absoluta. Seria a morte da comunicação [...]. (1997::1952: 67)

Ambas as formas de poesia, a achada e a elaborada – equivalentes à inspirada e à mimética dos clássicos –, à luz da história, não se opõem para

esas tiradas de poesía que más tarde son la admiración del mundo; pero ¿qué quieres? No siempre la verdad es lo más sublime" (Bécquer, 2004: 460-61).

11 Como bem assinala López Estrada (1972: 185), na realidade "Bécquer pertenece al grupo de los poetas reflexivos, en los que la realización artística, cuidadosamente establecida, lejos ya de la experiencia inmediata del motivo, es la nota dominante del proceso creador".

Melo, e, nessa observação, fundamenta-se uma de suas contribuições teóricas mais originais. Na opinião dele, ainda que em um caso se recorra à intervenção divina para explicar o fato literário e, no outro, ao trabalho esforçado do autor com a palavra e a composição, ambas as orientações situam-nos diante de conquistas humanas, ou, em outras palavras, "visam à criação de uma obra com elementos da experiência de um homem", e isso é, precisamente, o que outorga especificidade ao ato de escrever. Ademais, o esforço técnico próprio da poesia elaborada contra-arresta "o que na espontaneidade parece domínio do misterioso" (1997::1952: 54) e destrói, segundo o pensamento cabralino, o que há de esporádico no surgimento da poesia e que resulta primordial na variante achada.

2.2. Na ausência de regras

Para o poeta de meados do século XX, porém, o problema não se radica ali, mas sim no fato de não existirem normas que definam e que organizem o pensamento teórico sobre a poesia. Na época clássica, as preceptivas ditavam regras que eram de cumprimento obrigatório, e qualquer um que quisesse escrever uma comédia, uma tragédia ou um soneto, fazia-o aplicando os preceitos específicos de cada gênero. Assim, "o artista era julgado na medida em que, estritamente dentro da norma, realizava sua obra. A qualidade equiparava-se à capacidade de se desenvolver dentro dos padrões estabelecidos e justificava qualquer impessoalidade" (1997::1952: 62), o que facilitava enormemente a avaliação do literário.

Em *Esboço de panorama*, texto de 1953,[12] Melo insiste em que a poesia brasileira do momento desenvolvia-se alheia à *arte*, entendendo este termo como se interpretava no Barroco espanhol,[13] isto é, como sinônimo de *normativa clássica*. Da perspectiva de João Cabral, então, o que predomina, em

12 Aparecido na revista *Flan*, recolhido em Melo Neto, 1997: 85-89.

13 O conhecimento das normas clássicas é assim denominado por Lope de Vega, em *El arte nuevo de hacer comedias en nuestro tiempo* (1609), e por Cervantes, no capítulo XLVIII da Primeira Parte do Quixote, dentre outros.

detrimento da *arte*, é o valor do *poético*,[14] concretizado em "uma substância caprichosa" e intuitiva que o poeta pretende conseguir à margem das regras e empregando o método do "vale tudo". Carente de normas, a poesia se encontraria desvalorizada. Despojada de tudo aquilo que a engrandeceu no passado, e ficando alheia ao intento de compreender a realidade, estaria atenta só a expressar-se a si mesma. Como já foi assinalado, este conceito do literário iniciou-se no Romantismo, quando o poético já não dependia da concordância e da obediência às regras, mas do gênio criador de cada artista. De sorte que a arte passou a estar regida por critérios individuais, o que enfraqueceu o pensamento geral sobre poesia. Melo assinala, nesse sentido, que essa atomização ou fragmentação da teoria poética desembocou num empobrecimento da técnica, já que esta não seria mais o "domínio de uma ampla ciência, mas o domínio dos tiques particulares que constituem seu estilo" (1952::1997: 64). Ao desaparecerem as normas, desaparece também a disciplina e o conhecimento sobre os achados do passado, sobre as leis transmitidas desde o classicismo que tinham configurado todo um universo teórico sobre o literário.

2.2.1. Consequências no plano da recepção. O leitor e o crítico.

Por outro lado, esse fato condena também o crítico, que, obrigado a julgar uma escrita que não nasce amparada por regras, mas que surge da emotividade de um poeta num determinado momento, fica sem apoio na hora de avaliar tais obras. A crítica, então, órfã de normas e preceitos, tem "de limitar-se ao critério de sua sensibilidade, e a sua sensibilidade é também uma pequena zona, capaz de apreender o que atinge, mas incapaz de raciocinar claramente sobre o que foi capaz de atingi-la" (1997::1952: 52). Por isso, ela seria tão subjetiva e estaria tão fora da normativa como a própria poesia que julga.

Outro tema importante, vinculado também ao plano da recepção, é o

14 "O valor básico, hoje em dia, é a presença do poético" (Melo Neto, 1953::1997: 89).

que diz respeito ao verdadeiro motivo da literatura, o leitor. Melo fala sobre como o poeta do seu tempo não escreve para ser compreendido por um leitor concreto e conhecido, mas para um alguém hipotético, carente de rosto e de figura definidos. No momento de compor não lhe interessa, portanto, a comunicação com ele – desconhece seus interesses e seus gostos –, motivo pelo qual a poesia deixa de comunicar-se e de precisar do entendimento; tornando-se hermética. Neste tipo de poesia existe, consequentemente, um claro divórcio entre o autor e o leitor de antigamente, fato que tem levado o poeta ou a ser o seu próprio leitor ou a identificar-se com ele, porque ninguém estaria capacitado para entender uma forma de criação tão pessoal, tão críptica e tão alheia às regras como a dele. Em *Esboço de panorama*, Cabral reporta-se à poesia moderna como aquela que cria um estado especial no leitor, mas que não é capaz de referir-se às coisas do mundo:

> Desde o momento que se descobriu que a missão do poeta não era falar poeticamente de coisas do mundo, mas criar no leitor um estado especial, independente de todo o assunto que pudesse transmitir, a poesia perdeu sua capacidade de explorar a realidade, de transmitir, por meio da linguagem afetiva, uma sensação, a frequência de realidades artificiais." (1997::1953: 88)

Em outros tempos, o crítico controlava o autor e servia de contraponto à sua atividade. Tratava-se de um leitor privilegiado, que conseguia uma intelecção mais perfeita do texto e que transmitia sua interpretação ao resto dos leitores. Era a época em que a estratificação das atividades permitia uma grande permeabilidade: o autor queria comunicar-se, o leitor aceitava o desafio da comunicação e o crítico servia de ponte entre ambos para facilitar essa tarefa. Sem embargo, no momento da escrita do seu trabalho – no ano de 1953 – Cabral nega a possibilidade de um entendimento entre o poeta e o crítico, pois considera que o primeiro já não se interessa por essa mútua compreensão. Como assinala o autor, o poeta escreve só para si mesmo, e, inclusive, isola-se do mundo para não ter que compartilhar nem a sua experiência nem a sua escrita:[15]

> Como ele busca, ao escrever o mais exclusivo de si mesmo, ele se defende do homem e da rua dos homens, pois ele sabe que na linguagem comum e na vida em comum essa pequena mitologia privada se dissipará. O autor de hoje, e se poeta muito mais, fala sozinho de si mesmo, de suas coisas secretas, sem saber para quem escreve. (1997::1953: 68)

Por isso (dirá um ano depois), o que predomina nesse conceito de poesia é *o poético* e não o valor definido nas poéticas normativas, em que antigamente se apoiava a tarefa dos críticos. Mas *o poético* é uma substância caprichosa, alheia às normas ditadas pela ciência da literatura; por isso, como assinala Melo Neto, "a lembrança de que assiste a um jogo em que 'tudo vale' deve ser o pensamento diretor de quem se disponha hoje a falar de livros" (1997:: 1954: 89). Perderam-se, pois, os valores universais, ficando só as poéticas particulares de cada autor, o que dificulta extraordinariamente a compreensão da literatura.

De resto, porém, e o que é mais grave, este poeta que ignora a outra parte da comunicação vive indiferente essa mutilação, isolado na crença de que, se não chega ao leitor de hoje, no futuro terá outro do qual conseguirá aproximar-se. O autismo em que vive instalado o escritor contemporâneo a Melo, desinteressado pelo intercâmbio sensitivo, emocional e intelectual com o leitor e com o crítico, é para ele a representação do isolamento mais empobrecedor.

15 Melo rechaça esse tipo de poesia e advoga aquela que favorece a comunicação com o outro. Por isso censura o autobiografismo poético, como se mostra em "Formas del desnudo", de *Serial*. ("Ella sabe evitar / que la enrede el trabajo, / hasta si de ella misma / lo trama, autobiográfico", diz referindo-se à aranha" – p. 193)

2.3. A poesia e sua necessidade de adaptação ao mundo moderno. A impossibilidade da comunicação.

Em *Da função da moderna poesia* (1954),[16] João Cabral refere-se a duas justificações que o poeta moderno esgrime, quando trata de introduzir inovações formais em seu trabalho. A primeira é "a necessidade de captar [...] os matizes sutis, cambiantes [...] de sua expressão pessoal", e a segunda é "o desejo de apreender melhor as ressonâncias das múltiplas e complexas aparências da vida moderna" (1997::1954: 97). Melo Neto aceita, então, a necessária adaptabilidade do poeta e da poesia à modernidade, e o faz num duplo plano – pessoal e social –, que reverte numa forma renovada de sua escrita. É então que oferece uma explicação sobre as transformações sofridas pela poesia, que clarificam o trabalho de 1952, onde se percebiam certas dificuldades de compreensão. O mundo mudou, diz o poeta; a realidade exterior é mais complexa e exige outros instrumentos, igualmente complexos, para ser cabalmente apreendida. Isso reflete-se também no mundo interno do artista, que precisa de uma linguagem diferente – menos clara e menos direta – em relação àquela de um tempo anterior. A impenetrabilidade da poesia moderna se deveria, então, à complexidade do mundo em que se inscreve, e sua obscuridade corresponderia à opacidade desse universo.

Ademais, a exigência de compreender o mundo moderno tem provocado uma transformação no conceito de poética, exigindo a descoberta de novos procedimentos e a renovação dos antigos. Acontece que esse fato não deu lugar a uma poética de caráter geral como no passado, mas, ao contrário, fez surgir poéticas particulares de cada autor. Por isso, diz João Cabral, a arte da poesia é agora mais rica e mais profunda. Devido a sua complexidade, no entanto, resulta impossível que algum autor possa captá-la na sua totalidade, pelo que cada um concebe uma parte e expressa seu mundo pessoal através dela.

Mas em que consiste esse enriquecimento técnico da poesia moderna? Melo assinala os seguintes aspectos: a estrutura do verso (novas formas

---

16 Trata-se de um trabalho apresentado no *Congresso de poesia* celebrado em São Paulo.

rítmicas, ritmo sintático); a estrutura da imagem (choque de palavras, aproximação entre realidades estranhas; associações e imagens do inconsciente); a estrutura da palavra (exploração dos valores musicais, visuais e sensoriais das palavras: fusão ou desintegração de termos, invenção de palavras, onomatopeias etc.); a notação da frase (realce material de palavras, inversões violentas, subversão do sistema de pontuação); e a disposição tipográfica (caligramas, uso de espaços em branco, variações de caracteres, disposição sistemática dos apoios fonéticos ou semânticos) (1997::1954: 98). Essa inovadora e original forma de expressar o poético, descrita pelo poeta do Recife, é evidente, e converte o texto em algo difícil de ler e interpretar. Desse modo – e aqui coincide com o que disse em 1952 –, o poeta moderno, a fim de oferecer uma expressão renovada, insólita e depurada, sacrifica a comunicação – a inteligibilidade da mensagem – com o leitor. Como explica o próprio autor, a escrita deixou de ser para esse artista uma atividade transitiva em que se estabelece um diálogo com um destinatário, uma comunicação total com um outro, e, abandonando um dos seus pilares básicos, converteu-se numa busca de autoconhecimento ou de autocontemplação. Como a sua pretensão inicial não é chegar a um receptor concreto, o poeta só espera que alguém em algum lugar e em algum momento possa talvez aproximar-se da sua obra e conhecê-la. A este autor, tão concentrado em si mesmo, não lhe preocupam as dificuldades de compreensão que possa ter o leitor, porque seu alvo não está em se dar a entender, senão unicamente em falar de si mesmo. No seu trabalho, portanto, Melo Neto insiste na ideia de que a poesia moderna sofre um grave problema de individualismo, ao não atentar para a parte da recepção, que é fundamental em todo processo comunicativo. Esse tipo de escrita só buscou investigar a expressão do poeta, e tornou-se alheia a tudo o que de intercâmbio há de ter – como tinha, de fato, no passado – o ato literário. O que faz João Cabral é situar a poesia em seu ambiente social e histórico próprio. Fala do mundo moderno e da sua diversidade, das dificuldades que o homem tem para compreendê-lo, e da maneira como resolve essa complexidade, optando por apenas expressar-se a si mesmo sem tentar o diálogo com o outro. O poema converte-se, então, num símbolo do mundo contemporâneo, onde os indivíduos vivem como autistas, isolados na sua própria linguagem, sem intenção de se relacionar com outros que, por sua vez, também estão enclausurados dentro da sua bolha individual. Isso também se reflete na obra poética. Em "El artista inconfesable", pertencente ao livro *Museo de todo*, Cabral rechaça a poesia incompreensível, a qual, dirigida a um "lector Nadie", parece-lhe "que lo hecho fue para nadie" (Melo Neto, 1994: 225).

> Pero hacer lo inútil sabiendo
> que es inútil, y bien sabiendo
> que es inútil y que su sentido
> ni siquiera será presentido,
> hacer: porque ello es más fácil
> que no hacer, y difícil-
> mente se podrá decir
> con más desdén, o si no decir
> con más claridad al lector Nadie
> que lo hecho lo fue para nadie.

O curioso, contudo, é que a poesia desconsiderou instrumentos que aquela modernidade considerava fundamentais, como os meios de comunicação social, que em meados do século XX, implicavam o avanço dos tempos e concentravam a ideia de progresso. Os poetas desprezaram, por exemplo, o rádio, e quase não se fizeram obras "levando em conta as limitações e explorando as potencialidades do novo meio de comunicação" (1997::1954: 100). Só alguns poemas foram lidos nesse meio, mas, como não foram criados com essa função específica, e sim para estar em um livro, e dado o muito que "diverge a palavra transmitida pela audição da palavra transmitida pela visão" (p. 100), essas experiências resultaram sempre num fracasso. Outro problema da vida moderna encontra-se na incapacidade de adaptação e compreensão que sofreram muitos gêneros literários, antigos e novos, alguns dos quais, como já adiantava o autor, caíram em desuso – como foi o caso da poesia narrativa e das *aucas* catalãs. Eles ou se degradaram em gêneros não poéticos, ou foram expulsos da categoria da boa literatura, como aconteceu com as canções populares.

E por fim chegamos a um dos momentos mais reveladores do texto de 1954, que tem lugar quando Melo Neto revela o que ele entende por *poema moderno*, e mostra, agora sim, a falta de estima que sente por ele, devido a seu perfil mal-definido, ao seu hibridismo, à sua falta de construção e de organização, assim como ao uso exagerado do *eu*:

> [E]sse híbrido de monólogo interior e de discurso de praça, de diário íntimo e de declaração de princípios, de balbucio e de hermenêutica filosófica, monotonamente linear e sem estrutura discursiva ou desenvolvimento melódico, escrito quase sempre na primeira pessoa e usado indiferentemente para qualquer espécie de mensagem que o seu autor pretenda enviar.[17] (1997::1954: 101)

De resto, porém, e aqui se radica o mais perverso segundo o autor, a poesia moderna é alheia a qualquer intenção comunicativa (como já assinalava no trabalho de 1952). A insistência em atacar esse afastamento entre autor e leitor põe em relevo a importância que esse aspecto tem para João Cabral,[18] e revela ao mesmo tempo seu interesse por uma poesia capaz de transmitir, de participar e de compartilhar experiências e sensações com o outro. No seu juízo, esse distanciamento deve-se a que os poetas não se preocupam com os assuntos que concernem aos homens em geral, e preferem temas privados e íntimos, alheios aos problemas comuns. Ao poeta moderno não lhe interessa a comunicação, senão, tão somente, olhar-se o umbigo, comungar consigo mesmo num exercício estéril de autocomplacência e permanecer impassível diante da possibilidade de que alguém, do outro lado,

17 "Ese tipo de poema carece de construcción y de organización; es una simple acumulación de material poético, rico, es verdad, en su tratamiento del verso, de la imagen y de la palabra, aunque arrojado desordenadamente dentro de una caja".

18 Em "Consideraciones del poeta en vigília" (AA. VV., 2009: 20), Benedito Nunes pergunta a Cabral se em 1995 continuava pensando o mesmo em relação ao desajuste entre a poesia moderna e a comunicação, ao que ele responde sem rodeios: "Sí. Lo suscribo integralmente. Lo cual no significa que crea en la muerte del libro".

tome o poema e o faça seu. Nesse sentido, Melo Neto vai aqui para além do que foi dito no texto de 1952, e manifesta seus temores de que, diante desta situação, produza-se um colapso que possa fazer cambalear a sobrevivência da poesia. O mais inovador, de qualquer modo, é que neste novo texto o autor não só estabelece um estado da questão, mas também propõe soluções para que o poeta e sua obra saiam dessa fase de prostração em que se encontram. Com o fim de que a poesia encontre novas vias de adaptação e mantenha a sua longevidade, sugere investigar as possibilidades que oferecem os meios de difusão próprios da vida moderna. E para isso – e isto é importante –, convoca os poetas que não são radicalmente individualistas, aqueles aos quais ainda sobra algum interesse de aproximar-se do outro e que, portanto, ainda podem salvar-se. Nas suas mãos se encontra a redenção da poesia, de uma poesia que ambicione chegar ao leitor para transmitir-lhe as verdades da vida, e manter, assim, o outrora sempre aberto canal da comunicação. Esse é o fim último que deve buscar a literatura, e o único capaz de assegurar a sua sobrevivência.

Referências bibliográficas

AA. VV. "Consideraciones del poeta en vigilia". In: *Cadernos de literatura brasileira. João Cabral de Melo Neto*. São Paulo: Instituto Moreira Salles, 2009, p. 18-31.

Barbosa, João Alexandre. "La poesía crítica de João Cabral". In: *Cuadernos hispanoamericanos*, n. 598, abril, 2000, p. 77-82.

Bécquer, Gustavo Adolfo. *Cartas literarias a una mujer*. In: *Obras completas*, Introducción y notas de Joan Estruch Tobella. Madrid: Cátedra, 2004, p. 455-468.

López Estrada, Francisco. *Poetica para un poeta. Las "Cartas Literarias a una mujer" de Bécquer*. Madrid: Gredos, 1972.

Melo Neto, João Cabral de. (1952). "Poesia e composição". In: *João Cabral de Melo Neto. Prosa*. Rio de Janeiro: Editora Nova Fronteira, 1997, p. 51-70.

________. (1953). "Crítica literária". In: *João Cabral de Melo Neto. Prosa*. Rio de Janeiro: Nova Fronteira, 85-89.

________. (1954). "Da função moderna da poesia". In: *João Cabral de Melo Neto. Prosa*. Rio de Janeiro: Nova Fronteira, 1997, p. 97-101.

________. (1992). "Agradecimento pelo premio Neustadt". In: ________. *Prosa*. Rio de Janeiro: Nova Fronteira, 1997, p. 133-135.

________. 1982. *Poesia crítica. Antologia*. Rio de Janeiro: Livraria José Olympio Editora, 1982.

________. *A la medida de la mano*. Introducción, selección y traducción de Ángel Crespo. Salamanca: Ediciones Universidad de Salamanca y Patrimonio Nacional, 1994.

Nora, Eugenio G. de. "Reflexiones sobre mi lenguaje poético". In: R. Senabre, A. Rivas, I. Gabaráin (Eds.). *El lenguaje de la literatura (siglos XIX y XX)*. Salamanca: Ambos Mundos, 2004, p. 235-241.

Platón. *República*. In: *Diálogos IV*. Madrid: Gredos, 1988.

________. *Íon*. In: *Diálogos I*. Madrid: Gredos, 1993, p. 249-269.

Secchin, Antonio Carlos. *João Cabral:* a poesia do menos. São Paulo: Livraria Duas Cidades, 1985.

________. "Las Españas de João Cabral". In: *Homenaje a João Cabral de Melo Neto*. Barcelona: Centro de Estudios Brasileños. Consulado Brasileño. 2009, p. 13-27. Disponível em: <http://fchb.es/fchb/doc/lineas/doc_22.pdf>. Acesso em: 21 set. 2011.

João Cabral de Melo Neto, entre a diplomacia e a literatura

Javier Sánchez Zapatero
Universidade de Salamanca

1. Literatura e diplomacia

Para fazer uma revisão das estreitas relações que ao longo da história têm mantido a diplomacia e a literatura, é necessário remontar-se ao século XVI, quando se assentaram as bases que, posteriormente, configurariam a função diplomática contemporânea. Certamente, em épocas anteriores existiram figuras análogas aos cônsules, como os *próxenos* na Antiga Grécia, que se encarregavam de proteger e defender os interesses dos estrangeiros das cidades. Também as relações internacionais circunstanciais como meio de resolução de conflitos têm estado presentes ao longo de praticamente toda a história do mundo – sendo desempenhadas, em algumas ocasiões, por escritores, como o demonstra o caso de Geoffrey Chaucer, que durante o século XIV foi destinado a Milão e a Paris para realizar missões nos respectivos países. Mas até o Renascimento o trabalho diplomático não era concebido como uma necessidade constante e sistemática dos Estados e, em consequência, como uma ferramenta para preservar sua segurança, contribuir para a estabilidade política e favorecer o desenvolvimento econômico. Por esse motivo, o seu nascimento costuma ser localizado pelos historiadores na República de Veneza e na decisão de seus governantes de destinar ao resto dos estados italianos, de forma permanente, representantes que eram submetidos a um minucioso protocolo de atuação.

A partir desse primeiro referente histórico, que se estendeu de forma muito rápida por praticamente todos os estados europeus, o vínculo entre diplomacia e literatura tem sido constante. Não por acaso, uma das habilidades exigidas aos que iriam desempenhar essa função era ter domínio da linguagem e capacidade retórica para, por um lado, defender os interesses do Estado diante dos poderes estrangeiros e, por outro, dar conta de suas atividades diante dos seus superiores, fundamentalmente através da correspondência postal. Eram, nas palavras de Alfonso Reyes (2001: 53), "técnicos de la expresión", que deveriam defender a vontade do seu país no estrangeiro. Portanto, não é de se estranhar que, na medida em que as relações internacionais foram se institucionalizando, aparecessem figuras como as de Diego Hurtado de Mendoza, Diego Saavedra Fajardo, Thomas Wyatt ou François-René de Chateaubriand, a cuja condição de embaixadores uniam a de criadores literários.

A importância que teve o Congresso de Viena de 1815 – que, entre outras coisas, tentou acabar com as práticas de espionagem e criou uma série de regras que terminariam por configurar o corpus legal do Direito Diplomático e Consular – acarretou a criação de grupos diplomáticos mais extensos, o que fez com que, durante os séculos XIX, XX e XXI, a lista de escritores-diplomatas fosse tão numerosa que chegou a configurar uma categoria intelectual e artística. Sem pretensão de exaustividade – e deixando de lado o caso brasileiro, que será tratado em seguida – poder-se-ia apontar entre os seus integrantes Ángel Ganivet, Luis Araquistáin, Ernesto Giménez Caballero, Octavio Paz, José Gorostiza, Jaime Torres Bodet, Sergio Pitol, Jorge Volpi, Pablo Neruda, Gabriela Mistral, Jorge Edwards, Eduardo Mallea, Alejo Carpentier, José María Eça de Queiroz, Ricard Francis Burton, Vladimir Sollogub, Ivo Andric, Lawrence Durrell, Alexis Leger, Roger Peyrefitte, Albert Cohen, Pierre Troitte e Vikas Swarup.

Além desses casos, dão fé do vínculo entre atividade diplomática e criação literária iniciativas como a criação da "Asociación de Diplomáticos Escritores" – que, vigente desde o ano de 2003, agrupa todos os membros do serviço exterior de diferentes países "que cultivan el gusto de transmitir de forma constante y sistemática a través de la palabra escrita" – ou a frequência com que as relações internacionais se têm convertido em enredo de romances, fundamentalmente dentro da tradição anglo-saxônica e, em menor medida, da francesa. À primeira pertencem *Antrobus* (1985), coleção de contos de marcado teor irônico em que Lawrence Durrel utilizou algumas das suas experiências como embaixador na Argentina, no Egito e na Yugoslávia; *Under the volcano* (Malcom Lowry, 1947), romance em que se relata a decadência física e moral de um cônsul britânico que vive mal e porcamente, alcoolizado no México; ou mostras do subgênero da narrativa de espiões, a meio caminho entre o *thriller* e o romance negro, como *The Honorary Consul* (Graham Greene, 1973), *The Tailor of Panamá* (John Le Carré, 1966), ou *Secret file* (Len Deighton, 1965). Neles as tensões internacionais são o pano de fundo sobre o qual se levantam intrigantes tramas em que os agentes duplos, os serviços de inteligência, a revelação de segredos e a traição costumam cumprir um importante papel. No que se refere à literatura francesa, romances como *Belle do Seigneur* (1986) – cujo protagonista trabalha nos mesmos escritórios da ONU em Genebra onde Albert Cohen, o autor da obra, durante anos desempenhou o seu trabalho – e a recente *Le front russe* (Jean Claude Lalumière, 2010) abordam o mundo das relações internacionais a partir de diferentes prismas, mas com a mesma intenção de satirizar a arrevesada burocracia que parece dominar todos os estamentos envolvidos na função diplomática.

Com esses exemplos procedentes do âmbito da ficção – ainda que, em alguns casos, baseados em experiências pessoais pontuais e reais, como as já assinaladas –, a atividade de cônsules e embaixadores tem gerado um amplo corpus de livros de história e de teoria política através dos quais se procura refletir sobre a importância e a pertinência das relações internacionais. Do mesmo modo, são frequentes os textos autobiográficos, que vão desde memórias como *Hambre de libertad. Memorias de una embajadora republicana* (Isabel Oyárzabal, 1935) ou *Sueños y pesadillas. Memorias de un diplomático* (Máximo Cajal, 2010), até livros de viagens como *Mi viaje a la Rusia sovietista* (Fernando de los Ríos, 1934) ou *Persona non grata* (Jorge Edwards, 1973). Em textos como esses pode observar-se a situação de "testemunha privilegiada" em que se encontra todo diplomata. Assim, eles destacam-se pela narração de acontecimentos únicos, afastados da convencionalidade e dificilmente conhecidos pelos leitores através de outras vias; onde o interesse reside em "o que", mais do que em "quem" ou em "como".

A possibilidade de conhecer novas culturas e geografias – inacessíveis para a grande maioria dos cidadãos até o último terço do século XX, momento em que se produziram a popularização das viagens e a possibilidade de realizar grandes deslocamentos por preços baixos – converte-se, assim, num ponto de atração para os leitores que desejam saciar sua curiosidade de descobrir mundos estrangeiros e fantasiar aventuras alheias, mas também, e fundamentalmente, numa estimulante e frutífera fonte expressiva. De fato, segundo Arêas Peixoto (2010: 98), "los diplomáticos-escritores sacan provecho de los periplos constantes, del acceso a nuevas realidades y de una mirada sobre el país construida a la distancia". Sua literatura costuma situar-se, portanto, no âmbito transfronteiriço e ambíguo da xenografia, em que as identidades nacionais, linguísticas e culturais se justapõem até conformar um novo espaço de mistura em que se pode "mirar al outro y mirarse desde el outro" (Pardo, Hambrook e Colbert, 2011: 17). A capacidade de conhecer outros mundos e outras culturas incide não só na interculturalidade da experiência diplomática, mas também e sobretudo no fato de servir como ferramenta ao serviço da sua configuração pessoal, pois, como assinalou Claudio Guillén (1995: 22) "el ser humano, conforme se muda de lugar y de sociedad, se encuentra en condiciones de descubrir o de compreender más profundamente todo cuanto tiene en común con los demás hombres". O enriquecimento que traz consigo a compreensão da alteridade afeta também, logicamente, o âmbito cultural e intelectual, como evidenciam os casos de, por exemplo, Sergio Pitol, cuja passagem pela embaixada mexicana na União Soviética lhe serviu para conhecer em profundidade a literatura russa e, de forma especial, a produção de Anton Tchecov, que sempre considerou como um referente e uma influência primordial da sua obra. Ou o caso de Otávio Paz, que, ao ser destinado em missão diplomática na França, pôde travar relação com o grupo de autores surrealistas encabeçado por André Breton, de quem chegou a dizer que foi "el escritor que más influyó en su pensamiento literário".

O labor artístico do diplomata situa-se num espaço intercultural, mas também, no que se refere à sua implicação social, em uma faixa transfronteiriça. Poder-se-ia dizer, aplicando as conclusões teóricas de Pierre Bourdieu (2005), que o diplomata-escritor opera no campo literário utilizando um capital adquirido no âmbito do poder e, ao mesmo tempo, legitima-se a si mesmo no campo político, graças ao capital simbólico proporcionado pelas suas criações. Carlos Altamirano (2010: 9), em seu estudo sobre o crucial papel que desempenharam os intelectuais no processo de busca de identidade cultural e política na América hispânica do século XX e, especialmente, sobre a sua imbricação nas estruturas governamentais de poder, afirma o seguinte:

> el reclutamiento de escritores para el servicio diplomático fue una costumbre extendida en América Latina [...] que cumplía una doble función [...] el hombre de letras prestigiaba al país en el exterior, y el Estado ejercía una especie de mecenazgo.

2. Literatura e diplomacia no Brasil

Semelhante trabalho propagandístico está na base das estreitas relações mantidas pela criação literária e a atividade diplomática no Brasil desde sua constituição como República em 1889 e, mais concretamente, desde a nomeação de José Maria da Silva Parahos Júnior, barão de Rio Branco, como ministro das relações exteriores em 1902. Tanto por sua sensibilidade e inquietude artística – era historiador, jornalista, membro da Academia Brasileira de Letras, dono de uma das maiores bibliotecas de todo o país e frequentador de ambientes culturais –, como por seu desejo de "proyectar una nueva imagen del Brasil en el exterior" (Arêas Peixoto 2010: 98), uma das primeiras medidas que tomou ao assumir o seu cargo foi a de incorporar no corpo diplomático um bom número de escritores e intelectuais como Joaquim Nabuco, Rui Barbosa, Euclides da Cunha, Capistrano de Abreu, Olavo Bilac e Oliveira Lima. Sua função era "a divulgação de ideias e de representações do Brasil no exterior" (Botelho 2005: 976). De fato, para Gilberto

Freyre (*apud* Botelho, 2005: 98), os intelectuais que costumavam ser designados como diplomatas cumpriam uma função propagandística, destinada a difundir ao estrangeiro "o desejo de ser do Brasil". Na opinião dele, essa mensagem articulava-se não somente através do trabalho realizado nas embaixadas e consulados, mas também através do aspecto físico dos selecionados, de costume "homens tão inteligentes, cultos e educados como altos, belos e higiênicos, acompanhados sempre por esposas formosas, elegantes e bem-vestidas".

A imbricação da vida literária no serviço de relações internacionais brasileiro não se limitou ao período em que Rio Branco geriu o Itamaraty – nome do palácio que acolhe a sede do Ministério das Relações Exteriores e pelo qual, por uso metonímico, é conhecido –, mas se estendeu por todo o século XX, como demonstram os exemplos de Ribeiro Couto, Francisco Alvin, Roberto Assunção, Guimarães Rosa, Vinícius de Moraes e João Cabral de Melo Neto.

Tentar sistematizar o modo como essas figuras combinam a literatura e a diplomacia resulta complicado, mas, ainda assim, é possível estabelecer uma série de analogias entre suas obras. A crítica especializada tem se referido fundamentalmente àquelas que conectam a obra de Vinícius, Rosa e Cabral de Melo Neto. Para Menezes (2011: 13), por exemplo, a atividade profissional no serviço de relações internacionais, mais do que uma mera coincidência biográfica entre eles, converte-se num "operador discursivo". A função de diplomata tem o potencial de poder aproximar os escritores com a "parte exterior" do sistema do qual provêm e, em consequência, de situá-los num lugar idôneo para perceber "as diferenças existentes na vida social, cultural e política" entre seu país e o resto do mundo. No conhecimento dessa diversidade reside, segundo Roniere Menezes, o "pensamento crítico" (2011: 15) que articula a obra dos três autores, definidos por ele como "bons exemplos de atuação nas zonas de fronteira entre as disciplinas e os saberes". A faixa ambígua e transfronteiriça, própria das xenografias, em que os três autores se situam impede que cumpram o trabalho propagandístico incentivado pelo Itamaraty. O discurso deles, mais do que difundir o ideal de unidade nacional, "enfatiza as identidades heterogêneas do seu país, assim como a multiplicidade de culturas e demandas existentes no mapa brasileiro" (Menezes, 2008) e mostra, com a clarividência fornecida pelo olhar do exterior, as contradições e problemáticas de seu país. A dissonância entre a imagem que transmitia e a que, como diplomata, esperava-se que projetasse, foi precisamente a razão pela qual Vinícius de Moraes foi expulso do serviço exterior brasileiro em 1968, no contexto do "Ato Institucional Nº 5", um dos mais repressivos decretos do regime militar. O Ministério das Relações Exteriores declarou que o escritor tinha sido apartado da carreira diplomática por sua vida boêmia e seu alcoolismo – considerados incompatíveis com a função propagandística que tinha de realizar a serviço do Brasil. Menezes (2011: 17) afirma que nessa decisão influiu também a virada que estava tomando a poesia de Vinícius, cada vez mais próxima da indignação social.

3. Literatura e diplomacia em João Cabral de Melo Neto

Incorporado à carreira diplomática em 1947, João Cabral de Melo Neto não deixou nunca de compaginar o seu trabalho no corpo exterior brasileiro com a escrita literária – fundamentalmente poética e, em menor medida, ensaística. Sem essa combinação teria sido complicado o exercício profissional para alguém que trabalhou durante mais de quarenta anos no serviço de relações internacionais brasileiro (ele não se aposentou até 1990, nove anos antes da sua morte), desenvolvendo diversas tarefas em instituições internacionais, embaixadas e consulados da Espanha, França, Suíça, Inglaterra, Senegal, Honduras e Paraguai; que já tinha publicado três dos seus mais de vinte livros antes de obter o seu cargo no Itamaraty; e que, de fato, mudou a sua vocação inicial de jornalista ao dar-se conta do tempo que para ler e escrever poderia proporcionar-lhe o posto de funcionário no serviço exterior (Castello, 2006).

Antes de partir para o seu primeiro destino, o Consulado Geral do Brasil em Barcelona, em 1947, Cabral de Melo acotovelava-se com destacados escritores como Jorge de Lima, ao mesmo tempo que frequentava os cenáculos do Recife e do Rio de Janeiro, e colaborava na revista *Orfeu*. Seu caso é, portanto, o de um poeta que trabalha como diplomata, e que, logicamente, não permanece à margem do estímulo que para sua criatividade representa o conhecimento de novos mundos e culturas, oferecido pela sua atividade. Não por acaso, quando foi interrogado sobre as leituras que tiveram mais influência na sua formação como poeta, o autor afirmou ter-se sentido marcado pelos "autores épicos primitivos espanhóis" e pelos "poetas metafísicos ingleses" (Castello, 2006: 37), que descobriu graças a seu desejo de conhecer a fundo a literatura de dois dos países em que teve de desempenhar o seu trabalho.

De todos os países a que foi destinado, a Espanha foi o que mais marcou sua obra e sua personalidade. Tal vínculo deve ser explicado não somente pela marca que a cultura, o folclore, a literatura e os referentes espanhóis deixaram na sua poesia, mas também pelas relações culturais que Cabral fomentou entre este país e o Brasil e que, nas palavras de Ángel Marcos de Dios (2010: 156), "nunca [...] habían llegado a tal punto de conocimiento e influencia". Cabral foi um "agente singular para la diseminación" (Serra, 2010: 142) tanto da cultura brasileira na Espanha, como da cultura espanhola – e especialmente a catalã – no Brasil. Difundiu a obra de muitos de seus compatriotas no país ibérico, através de iniciativas como a *Revista de Cultura Brasileña*, mas também trabalhou ativamente para dar a conhecer no seu país de origem determinados aspectos da literatura e da arte espanhola. Graças, por exemplo, a sua participação nos ambientes culturais de Barcelona, ele pôde entrar em contato com a poesia de autores como Carles Riba, Joseph Palau e Joan Teixidor, os quais traduziu e publicou pela primeira vez no Brasil, na *Revista Brasileira de Poesia*, em 1949 (Serra, 2010: 142). Escreveu também diversos textos sobre artistas catalães como Joan Brossa, Antoni Tàpies e Joan Miró. Este último, publicado em 1950, destaca-se de forma especial devido ao vínculo que estabelece com os estudos interartísticos, pois apresenta a sua própria obra e a do pintor catalão como expressões de um mesmo desejo de lutar contra os conceitos estabelecidos. Assim como a poesia cabralina assemelha-se ao labor de um ourives pelo modo como tenta polir e eliminar todo o acessório – ou, como ele mesmo manifestava, por sua luta por "limpar o olho do visto [...] para colocar-se numa situação de pureza" (Pedra, 2009: 172), a pintura de Miró esforça-se por limitar-se à redução abstrata, fugindo de qualquer significação universal ou convencional.

No que se refere à questão da Espanha e da marca que este país deixa na poesia de Cabral, é possível, segundo as conclusões de estudiosos como Pedra (2009) ou De Marcos (2010: 157), polarizá-la em duas grandes vertentes: a "geográfica, que incluye escenarios rústicos y urbanos, paisaje, arquitectura, costumbres" e, por outro lado, "la de admiración y atenta lectura de la literatura española". Apesar de ter dedicado, já antes de conhecer o país, em *Pedra do sono* (1943), um breve poema a um dos máximos expoentes da cultura espanhola, Pablo Picasso ("Homenagem a Picasso"), é a partir da década de 1950 que ambas as tendências aparecem de forma sistemática na poesia de Cabral. Sua atividade profissional ajudou-lhe, assim, a configurar a evolução da sua poética, pois depois de 1947 adquirirão grande relevância os polos temáticos de Pernambuco e Espanha, espaços geográficos e culturais fundamentais para entender, de um ponto de vista vital e artístico, a figura de João Cabral de Melo Neto. Esses dois cenários foram sempre os verdadeiros protagonistas espaciais e culturais dos seus livros de poemas. Além de encher suas páginas de referências e evocações, Cabral chegou ao extremo de criar um particular cenário em que os limites de cada território fundem-se até converter-se em um, como ocorre em livros como, por exemplo, *Paisagens com figuras* (1956) ou *A educação pela pedra* (1966).

Enquanto o estado do Nordeste brasileiro simboliza o território de origem sobre o qual o poeta, a partir do estrangeiro, vira o seu olhar – evidenciando que a alteridade permite não só conhecer o outro, mas também conhecer o próprio de um novo ponto de vista –, a Espanha vai ser a sua fonte de inspiração, pois, como ele mesmo reconheceu, "chegou ao mundo tanto quanto a Pernambuco" (Merquior *apud* De Marcos, 2010: 157). De fato, na sua obra existem apenas alusões aos seus outros destinos diplomáticos – prova disso é o fato de haver um poema onde fala da cidade de Berna e dois dedicados a Senegal, incluídos no *Museu de tudo* (1975) – e à cidade do Rio de Janeiro, à qual se deslocou para morar quando tinha pouco mais de vinte anos. Em alguns casos chegou inclusive a mostrar sua decepção pelos lugares aos quais tinha sido destinado pela carreira: foi o caso de Marsella, cidade que descreveu como "sombria e fechada". A geografia espanhola converteu-se, em contraste com esta ausência, numa constante da sua poesia que, graças a sua firme vinculação com o geográfico e o mineral, fez de Castela, Galícia, Barcelona e Sevilha elementos recorrentes da sua obra. Especialmente relevante foi a cidade andaluza, definida por Ángel Crespo (1994: 26) como "uno de los grandes temas de Cabral". O entusiasmo de Cabral pela beleza, a vitalidade e o humanismo de uma cidade que, segundo escreveu, "viste a la gente / a la medida" (Cabral, 1994: 164), levou-o a afirmar num dos seus poemas que tinha que "sevilhanizar o mundo". Personagens, espaços e ambientes tipicamente sevilhanos aparecem na sua poesia desde a década de 1950, e convertem-se em tópico central de dois de seus últimos livros: *Crime na rua Relator* (1988) e *Sevilha andando* (1990).

Mas a relevância da capital andaluza na poesia de Cabral de Melo há de cifrar-se não só na utilização de temas e motivos. Se a experiência vital que a sua estada em Sevilha representou foi decisiva, isso se deve ao modo como ela permitiu a aparição da paixão numa poesia dominada pelo hermetismo e a frieza. O sentimento cabralino não só vai manifestar-se no seu amor pela cidade, mas também e sobretudo na atração por uma série de temas – especialmente identificados com Sevilha – próprios da cultura espanhola, como o toureio e o flamenco. Esse interesse – expresso em poemas como "Estudos para uma bailadora andaluza", "Alguns toureiros", "El Cante Hondo", "Ainda el Cante Flamenco" ou "Habitar o Flamenco" –, unido à influência que a poesia narrativa medieval tem na obra do poeta e diplomata, levou Nicolás Extremedera (2008) e Nylcéa Thereza de Siqueira Pedra (2010) a identificarem Cabral de Melo como um "epígono de la Generación del 27". Segundo ambos os estudiosos, o autor brasileiro compartilha com o grupo de poetas tanto o horizonte cultural, como o interesse por uma série de formas e motivos. Na sua obra, que combina metros típicos do folclore espanhol com outros procedentes da tradição letrada, também é perceptível a dialética entre o culto e o popular que tão intensamente marcou a produção dos poetas espanhóis. Não por acaso Cabral explicou a excelência da literatura espanhola, e a superioridade estética que ele lhe atribuía em detrimento daquela composta em língua portuguesa, pela constante presença "do povo e do popular", perceptível inclusive nos clássicos.

O alcance da convivência entre esses dois polos não se limita à sua poesia, pois afetou toda a sua cosmovisão como intelectual. Graças à atividade diplomática, João Cabral de Melo Neto manteve contato tanto com as elites políticas e culturais, como com as classes populares. Com as primeiras teve de relacionar-se seja para a realização do seu trabalho, que o obrigava a manter reuniões periódicas com representantes do governo e de instituições espanholas, seja para satisfazer suas inquietudes e desejos de conhecimento, que o levaram a entabular amizade com artistas barceloneses como os já mencionados Brossa e Miró. Com os membros das segundas interagiu durante o exercício das suas tarefas nos diversos consulados nacionais aos quais foi destinado, pois uma de suas funções era a de entrevistar os interessados em conseguir visto para trabalhar no Brasil. O contato com ambos os polos da sociedade permitiu-lhe refletir sobre como o seu país e, por extensão, seu continente eram percebidos pelos espanhóis (mais uma evidência de que a posição transfronteiriça do diplomata lhe permite não só observar um novo mundo, mas também observar de uma nova perspectiva o próprio). Já em 1954, quando levava apenas pouco mais de um lustro fora do Brasil, no contexto do Congresso Internacional de Escritores realizado em São Paulo, Cabral de Melo teorizou sobre o modo como a América era vista pela Europa. Do observado durante seus primeiros anos no continente, o poeta e diplomata concluiu que, em geral, os intelectuais europeus, e especialmente os espanhóis, tinham uma visão "inteiramente falsa" e cheia de "ignorância e indiferença" (Cabral, 1997: 95) sobre o que acontecia do outro lado do Atlântico. Esse desprezo levava consigo um estereótipo do continente americano baseado em ideias que o identificavam a um espaço de "enriquecimento rápido e luta violenta pela existência" (Cabral, 1997: 95). Diante dela, Cabral de Melo descobre nos trabalhadores, interessados em migrar e conscientes das verdadeiras condições de vida e dos problemas do continente, uma visão "muito mais realista da América Latina" (Cabral, 1997: 96). Quase quarenta anos depois destas palavras, o poeta e diplomata voltou a referir-se ao tema durante um colóquio comemorado em Barcelona. Apesar do tempo passado, de sua maior experiência na Europa e dos ferrenhos vínculos que o tinham unido à Espanha, Cabral de Melo não mudou nem um detalhe dessa posição, e continuou censurando a intelectualidade do velho continente, tanto pelo seu eurocentrismo como pela sua incapacidade de estabelecer um diálogo cultural verdadeiro com o resto do mundo.

O americanismo que se extrai dessa posição intelectual, porém, não foi obstáculo para o autor admitir que suas principais referências artísticas e literárias eram da Espanha – nomeadamente, a lírica medieval, os clássicos do Século de Ouro e a Geração de 27 –, e também não significou uma idealização da sua pátria. Longe de realizar o trabalho de exaltação propagandística e de unidade nacional exigido pelo Itamaraty, Cabral de Melo combinou na sua poesia a nostalgia pelo território pernambucano de origem com a dor que sentia ao ver o abandono a que estava submetido. Seguindo a tradição dos "ciclos das Secas" instaurados por José de Alencar em finais do século XIX, o autor lamenta a miséria física do nordeste brasileiro, região de constantes secas onde "hay ciertos parajes blancos / que planta y bicho no crían, / vacías hasta de dueño / donde el pie se descamina" (Cabral, 1994: 112) e "sólo cultivos de muerte / conpensa aquí cultivar". Ao mesmo tempo que deplora o caráter ermo, a miséria e a fome, o autor queixa-se do abandono a que é submetida a sua terra natal, onde "la muerte es tanta / [que] no se puede trabajar" (Cabral, 1994: 112). Cabral de Melo denuncia o fato de Pernambuco permanecer à margem do progresso e da civilização, e os seus habitantes terem como única saída a de converter-se em "retirantes" e migrar a outras regiões do sul ou do litoral do país, tema que articula *O cão sem plumas* (1949-1950), *O rio* (1953) e *Morte e vida Severina* (1955). Essa dimensão crítica continuará em obras publicadas inclusive durante a ditadura militar, como *A escola das facas* (1980), onde, através do filtro da nostalgia pela separação da sua terra, o poeta volta a denunciar o abandono a que as autoridades submetem um "Pernambuco desigual económica y culturalmente en el que la dominación de clase, a través de uma burguesia latifundista, desempeña un papel nocivo para el desarrollo de la región" (Giovanoni Fornos, 2008: 117). O fato de dirigir suas críticas contra o poder e contra um de seus principais apoios sociais evidencia a contradição em que parece viver Cabral de Melo Neto, cindido entre, por um lado, sua condição de poeta que denuncia a injustiça das estruturas sociais e poéticas, consciente das implicações éticas de sua posição como intelectual; e, por outro, seu trabalho como diplomata e representante de um regime autoritário.

A mesma tensão gerada por essa dicotomia pode ser observada em outras facetas da vida e da obra de Cabral de Melo, cuja atividade profissional o situa num território fronteiriço e ambíguo em que todos os limites, para além dos que emolduram sua relação com o Brasil, parecem dissolvidos: os limites nacionais, cindidos entre o seu próprio país e os outros onde trabalhou (fundamentalmente a Espanha); os do seu campo de atuação, a meio caminho entre o político e o literário; e os da atividade escritural que realizou, que oscilava entre a criatividade e a linguagem burocrática. Longe de identificar-se de forma exclusiva com uma corrente ou geração literária concreta, sua obra e sua figura incorporam-se, assim, na tradição universal e intercultural de diplomatas-escritores.

Referências bibliográficas

Altamirano, C. (Dir.). *Historia de los intelectuales en América Latina (II: Los avatares de la ciudad letrada en el siglo XX)*. Buenos Aires: Katz, 2010.

Arêas Peixoto, F. "Letras y diplomacia en Brasil: una aproximación en tres tiempos". In: *Altamirano*, C., 2010, p. 98-118.

Botelho, A. "Circulação de ideias e contribuição nacional: Ronald de Carvalho no Itamaraty", In: *Estudos Históricos*, 35, 2005.

Bourdieu, P. *Las reglas del arte. Génesis y estructura del campo literario*. Barcelona: Anagrama, 2005.

Cabral de Melo Neto, J. *Antologia poética*. Rio de Janeiro: Sabiá, 1965.

________, *A la medida de la mano*. Salamanca: Ediciones Universidad de Salamanca, 1994.

________, *Prosas*. Rio de Janeiro: Nova Fronteira, 1997.

Castello, J. *João Cabral de Melo Neto: o homem sem alma*. Rio de Janeiro: Bertrand Brasil, 2006.

Crespo, A. "La poesía de Cabral de Melo". In: *Cabral de Melo Neto, J.*, 1994, p. 9-30.

Extremedera, N. "João Cabral de Melo Neto y la Generación del 27". In: *Artifara. Revista de lenguas y literaturas ibéricas y latinoamericanas*, 8, 2008. [Disponível em: <http://www.artifara.unito.it/Nuova%20serie Artifara-n--8/Addenda/default.aspx?oid=98&oalias=>].

Giovanoni Fornos, J. L. "La representación del artista en la poética de João Cabral de Melo Neto". *Contexto*, [s. l.] 12 (14), 2008, p. 117-132.

Guillén, C. *El sol de los desterrados: literatura y exilio*. Barcelona: Quaderns Cremá, 1995.

Marcos de Dios, A. "Los intensos reflejos de España en la poesía de João Cabral de Melo Neto". In: Rivas Hernández, A., [s. l.], 2010, p. 155-166.

Menezes, R. *O traço, a letra e a bossa. Literatura e diplomacia em Cabral, Rosa e Vinicius*. Belo Horizonte: Editora UFMG, 2010.

________, "Poética e diplomacia em João Cabral e Guimarães Rosa". In: VV.AA, *XI Congresso Internacional da ABRALIC "Tessituras, Interações, Convergências"*. São Paulo: USP [Disponível em: <http://www.abralic.org.br/anais/cong2008/AnaisOnline/simposios/pdf/035/RONIERE_MENEZES.pdf>]

Pardo, P. J., Hambrook, G. ; Colbert, B. "Xenografías: Presentación". In: *1616. Anuario de Literatura Comparada*, [s. l.] 1, 2011, p. 17-24.

Pedra, N. T. de S. "Gotas galegas no fazer poético de João Cabral de Melo Neto". *Limite*, 3, 2009, p. 171-185.

________, "As Espanhas de João Cabral de Melo Neto". In: VV.AA, *Anais do 1º Simpósio de Estudos Linguísticos e Literários da Universidade Tuiuti do Paraná*, Curitiba: Universidad Federal de Paraná, 2010 [Disponível em: <http://www.utp.br/eletras/ea/eletras21/textos/Artigo_21.1_As_Espanhas_de_Joao_Cabral_de_Melo_Neto_Nylcea_Pedra.pdf>].

Reyes, A. *Misión diplomática*. México D F: Fondo de Cultura Económica, 2001.

Rivas Hernández, A. (Coord.) *El oficio de escribir:* entre Machado de Assis y Nélida Piñón. Salamanca: Ediciones Universidad de Salamanca, 2010, p. 155-166.

Serra, P. "Los intensos reflejos del siglo XX y sus relaciones con la poesía peninsular". In: *Rivas Hernández*, A., [s. l.], 2010, p. 141-154.

Do auto natalino de João Cabral de Melo Neto ao Teatro ritual de Alfonso Jiménez Romero

Miguel Nieto Nuño e María Teresa Mora Álvarez
Universidade de Sevilha

Alfonso Jiménez Romero, dramaturgo sevilhano reconhecido internacionalmente por *Oratorio* e *Quejío*, conheceu Cabral de Melo Neto por uma gravação da representação de *Morte e Vida Severina* no Festival de Nancy, no ano do seu triunfo. Escutá-la e sentir que todos os seus conceitos dramáticos fundamentais vacilavam foi um só fenômeno (Jiménez Romero, 1996).[1]

Coincidindo em datas – e quem sabe se por algo mais que por pura coincidência – Joaquim Arbide, diretor do Teatro Estudo Universitário de Sevilha, decidiu montar naquele ano de 1966 *Vida y Muerte Severina*,[2] cujo texto, seguindo o império da atualidade dramática, tinha sido publicado pela revista *Primer acto*, em tradução de Ángel Crespo e Gabino-Alejandro Carriedo (Cabral de Melo Neto, 1966: 53-59). O mesmo pulso da atualidade foi o que moveu Arbide, que também havia escutado a gravação, provavelmente a mesma que iluminara Jiménez Romero. Arbide ficou cativado pela riqueza musical do espetáculo. Posto a trabalhar sob tão forte impressão, sentiu que o texto jogava-o num mar incerto onde "la única pista clara es la de que se trataba de un Auto de Navidad Pernambucano".[3] Com ajuda de colaborado-

1 A principal notícia desse encontro entre o dramaturgo sevilhano e o texto do autor brasileiro procede dessa base bibliográfica, que, aliás, será a que usaremos profusamente daqui em diante. Poupamos o leitor do excesso de referências.

2 Os tradutores inverteram a ordem original do título sem dar uma razão e assim foi conhecida e imposta a referência bibliográfica da obra no mundo hispânico, até que em 1988 a editora argentina Legasa restituiu o título português numa nova tradução.

3 Essa e todas as notícias que daremos sobre Joaquin Arbide apoiam-se em prospectos de teatro e em entrevistas que ele gentilmente se ofereceu a nos dar.

res a que precisou recorrer, foi dando forma a algo que, segundo suas palavras, não existia. Entre esses colaboradores contava-se o jovem dramaturgo sevilhano.

Alfonso Jiménez Romero pertencia ao TEU de Sevilha desde seus anos de estudante. O grupo tinha estreado *La Jaula*, sua primeira obra, em 1963, e, em 1965, *Diálogos de una espera*. Ademais, tinha representado suas versões de *El Cerco de Numancia*, em 1964, e de *Julio César*, no ano seguinte. Agora Arbide pedia-lhe que escrevesse uns romances, cuja "misión [era] situar la acción de las distintas escenas y comentar – como los coros griegos – algunas incidencias de estas escenas" (Jiménez Romero, 1980: 12).[4] Em consonância com o texto dramático, pensava-se montar o espetáculo em diferentes povoados rurais, e Arbide temia que a representação dramática não fosse compreendida naqueles ambientes se a forma seguisse a sua nudez original, carente de resto do elemento musical, tão poderoso e comunicativo. Precisava delimitar os quadros e as ações, insistir na memória receptiva para facilitar a compreensão. Nisso consistia a missão encomendada a Alfonso Jiménez Romero. "Tenía que versificar las acotaciones. ¡Hacer versos! Jamás se me había ocurrido cosa semejante. Resultado, me leí la obra un montón de veces y me decidí a escribir los dichosos romances. Salieron. Y al director Joaquín Arbide le debieron gustar, puesto que montó la obra con los romances" (*Primer Acto*, 1969: 53).

O texto que Alfonso Jiménez leu em *Primer acto* articulava dezoito quadros poético-dramáticos mediante breves inserções textuais que explicavam o itinerário percorrido pelo protagonista. Como no original em português, a estrofe dominante era o romance, que mantinha sua rima assonante durante todo o poema, na boca do narrador autobiográfico. Dessa maneira, a disposição formal reforça o símbolo fluvial que perpassa toda a composição. No curso do romance, estendido como o rio que enlaça as estâncias do poema, estacionam-se outras formas rítmico-estróficas, também de caráter menor e assonante, que põem em jogo diálogos dramáticos baseados na repetição

4 Esse texto constitui a segunda fonte de informações do presente trabalho. Assim como no texto anterior de Alfonso Jiménez Romero, evitaremos referências incômodas.

mnemotécnica ou salmódica. Todas essas configurações formais impregnam o texto de um caráter arqueológico, que se projeta para a própria origem do teatro castelhano. Acrescenta-se a isso o vínculo direto com a música popular brasileira de Chico Buarque, que insistia nos procedimentos repetitivos para apoderar-se da compreensão imediata do público.

Não parece tão casual que Cabral de Melo Neto qualificasse a sua obra como um auto natalino, nem que a representação da morte nela dominante possa ser associada à representação medieval, naquele tempo recuperada pela impressionante câmera de Ingmar Bergman em *O sétimo selo*. O estatismo das cenas e a calculada ambiguidade comunicativa (que parece tão oral – dirigido a 'vossas senhorias' –, quanto escrita), seja na primeira explicação, seja naquela que dá a conhecer os pensamentos dos assistentes do enterro; pois bem, o estatismo e a ambiguidade reforçam o ar primitivo da composição. Cabral de Melo Neto, que conhecia profundamente a Espanha e admirava sua história literária, já tinha, em versos anteriores, recorrido ao imaginário medieval castelhano. Também os autores mais próximos a Cabral e a quem ele admirava – como Miguel Hernández – haviam recuperado o interesse por explorar as possibilidades dramáticas do auto sacramental (De Paco, 2000: 97-112).

Recebida a encomenda de Arbide, Jiménez Romero entregou-se à composição dos romances que haveriam de converter as inserções explicativas do original em texto representado. Para isso tinham concebido um novo personagem dramático: a Explicadora ou Anunciadora (pois recebe ambas as denominações). Diante dos seus colegas do TEU, Jiménez Romero tinha sua condição de autor dramático consolidada, mas não a de versificador. Para ele isso supunha um novo empenho. Talvez naqueles momentos de discussão entre os que preparavam o texto de Cabral de Melo Neto, ressoou em nosso autor a vivíssima impressão causada pela audição da representação musical brasileira, cujas formas rítmicas sincopadas começavam a ser introduzidas no gosto do público hispânico. O certo é que, despertada aquela emoção, Jiménez Romero propôs que a nova música para a representação que o TEU preparava se inspirasse na tradição do flamenco.

Sua sugestão foi rejeitada de saída. Naqueles anos, o flamenco, com a invenção dos tablados, tinha perdido a sua aura de arte popular, para integrar-se à indústria do turismo como uma mera propaganda. Na intelectualidade universitária, pensava-se o popular como antítese do burocrático. E aquela administração tão ideologicamente marcada tinha se apoderado do flamenco, utilizando-o como isca para as estratégias políticas de desenvolvimentismo neofranquista. Naquele grupo de intelectuais sevilhanos, a sugestão deve ter parecido uma apostasia do popular. Assim, o máximo que lhe permitiram introduzir do flamenco na coleção de romances dramáticos foi uma "petenera"[5] que haveria de ser interpretada por Trinidad Romero, anunciando o enterro do trabalhador agrícola. Alfonso Jiménez Romero assinou o seu trabalho no dia 16 de novembro de 1966, sob o título de *Romances de la Explicadora. Introducción a las escenas de la obra Vida y Muerte Severina de João Cabral.*

O primeiro romance, que há de convocar o auditório e apresentar a obra, rezava assim:

> Aquí comienza la historia,
> síganla sus señorías.
> No es una historia de romeros
> que vayan de romería,
> sino la de un emigrante
> que va de emigrantería,
> por trochas y por cañadas
> por aldeas y maniguas.
> Su antigua vida dejó
> para vivir nueva vida.
> Aquí está ya el emigrante
> de tierras de Paraíba,
> para explicarnos quién es,
> a dónde va y qué camina.

5 "Petenera" é uma subclassificação do flamenco. Sua composição consta de uma estrofe de quatro versos octossilábicos que se convertem em seis ou mais por repetição de alguns dos versos e por acréscimos de outros. (N. T. Fonte: es.wikipedia.org).

Préstenle mucha atención,
que empieza ya, señorías[6]

Esses versos octossilábicos substituem o seguinte texto original: "El emigrante explica al lector quién es y a lo que va" (Cabral de Melo Neto, 1996: 53.)[7] Eles tratam do tema da emigração que, sendo fiel à sua referência literária, não deixaria de provocar no imaginário do público rural andaluz, que era o destinatário em que pensavam os dramaturgos sevilhanos, a experiência do desgarro familiar então padecido. O romance popular, que tinha experimentado um ressurgimento espetacular durante a Guerra Civil, retornava, assim, aos palcos, para engastar-se nos versos portugueses de Cabral de Melo Neto, mantendo inclusive o elo da rima. A Explicadora introduz e solicita atenção para o personagem de Severino, em cuja figuração simbólica os espectadores bem poderiam imaginar a sua própria projeção de sentido.

A intervenção da Explicadora, mediação narrativa em contraste dramático com o narrador autobiográfico Severino, no décimo sétimo quadro da representação, conclui com o seguinte poema:

¿Qué puedo decirles yo
que esta gente no les diga?
Son sus palabras de siglos
tan ciertas y tan antiguas
como la historia del hombre
tan igual y repetida.
Escúchalas Severino.
No es mera palabrería.
Y ofrece al recién nacido
tu vida recién nacida.
Y vosotros, señores,
señoras y señorías,

6 Citamos no original datilografado para a representação, que está em poder da atriz Trinidad Romero. A Tese de Doutorado de María Teresa Mora: *El teatro de Alfonso Jiménez Romero* resgata a totalidade destes textos.

7 Citamos o texto em que teve de trabalhar Alfonso Jiménez Romero.

veréis de qué modo acaba
esta historia tan sencilla.

Essas vozes que se afundam na raiz do tempo para expressar a condição miserável do ser humano – miséria diante das condições em que se desenvolve a vida, miséria de uma existência penetrada pela sombra da morte – são as que Alfonso Jiménez Romero descobriu no texto de Cabral de Melo Neto, e as que tentará recuperar para o teatro andaluz nas obras seguintes, auxiliado pelos ritos profanos do teatro.

A peça estreou no dia sete de dezembro de 1966 no Teatro Lope de Vega de Sevilha. Entre os atores contava-se nosso autor. Na oitava cena, que corresponde "ao enterro de um obreiro de plantação", irrompeu como prelúdio narrativo a "petenera". A peça percorreu o território nacional, detendo-se em povoados e capitais. No festival de Sitges, a companhia recebeu o galardão de melhor grupo e melhor interpretação. Em Madrid, um crítico apontou para aquilo que Jiménez Romero intuíra: com música flamenca o espetáculo teria ganhado maior profundeza expressiva. O personagem da Explicadora obedecia a um propósito comunicativo: facilitar a compreensão das peripécias que assaltam Severino no seu perambular cênico, diante de um público pouco formado nos códigos da representação dramática, e sem o apoio da explicação narrativa que o leitor possui por meio do texto. Na mente de Arbide e de seus colaboradores, a ideia desse público receptor concretizava-se no povoado rural da província de Sevilha – também de Almería –, que conheciam de suas turnês com o "Carro da Alegria", grupo itinerante à maneira lorquiana. Só um poderoso preconceito intelectual os impediu de reconhecer que a cultura flamenca estava fortemente enraizada nas pessoas para as quais queriam levar as poderosas imagens do texto cabralino. Do mesmo modo que a representação brasileira, os *palos* flamencos teriam comunicado melhor do que qualquer outro recurso cênico o sentido da obra àquelas pessoas que depois de jornadas solares reuniam-se em rodas e tavernas, para cantar desgraças e vislumbrar consolações. O trabalho minucioso de dramaturgos e atores foi recompensado com o reconhecimento do público e da crítica, mas na busca dramática de Alfonso Jiménez ficou uma marca de insatisfação.

A quais ideias respondia o teatro de Jiménez Romero antes do seu encontro com a obra de Cabral de Melo Neto? *Alguien allá lejos* (1960), ainda inédito, foi seu primeiro título. A imaginação do seu autor desejava que fosse um mistério dramático. No comentário inicial lê-se o seguinte: "Época: la del hombre. Lugar: el de la vida y la muerte" (Jiménez Romero, 1960: 2). Ao som destes versos apregoados por um moço armado de uma charamela, a palavra desperta:

> ¡Niñas! ¡El afilador!
> Quien por afilar, afila
> Los cuchillos del amor.

Não cabe dúvida que esta ideia germinal está na senda que levará Jiménez Romero até o poeta brasileiro. Há, ademais, um coro "de vozes estereotipadas" que se correlacionam com as intervenções corais do nascimento em *Morte e vida Severina.* Como nos velhos ritos, em ambas as peças tais intervenções imprimem um caráter cerimonial à ação mantida a distância pela imaginação, pois ninguém deseja a vizinhança de um retábulo que tem a morte por protagonista. As elipses espaciais e os saltos abruptos na ação sugerem, sem se contradizer, um intencionado primitivismo que desemboca numa atmosfera surrealista. E em ambas o hálito poético condensa a visão dramática. A esse seu teatro Jiménez Romero o denominou de "mistério" e o continuou cultivando ao longo da sua carreira dramática, com títulos como *Algún dia en las estrellas* (1964), *Diálogos de una espera* (1965), ou *Raimunda en Nochevieja* (1994), o último da série. Auto e mistério espelham-se um no outro como evocações de um imaginário medieval.

No mesmo ano em que escrevia os romances para *Vida y Muerte Severina*, Jiménez Romero compôs *El juego de las hormigas rojas*, que foi montado por Juan Bernabé com seu "Teatro Estudio Lebrijano" em 14 de março de 1968. Ainda na esteira do realismo simbólico, a peça expressava, a partir de uma intencionada indeterminação espaço-temporal, a consciência coletiva do povo, sobre o qual recaem sofrimentos e trabalhos (Jiménez Romero, 1990: 60).[8] Apesar de responder aos motivos elementares que durante toda a sua trajetória mobilizaram a sua escrita dramática, percebeu, após conhecer a obra do escritor brasileiro, que não era esse o teatro que ambicionava. Nos anos seguintes, também não será esse teatro que lançará nosso autor à cena nacional. Isso acontecerá ao abrir uma nova linha, inspirada no texto cabralino, que converge com os propósitos iniciais dos mistérios, mas que alvorece numa nova linguagem cênica com *Oratorio* (situado pelas primeiras testemunhas de sua escritura em 1968), e se confirmará com *Quejío* e *Oración de la tierra* – ambas de 1972 –,[9] *La cruz de yerba* 1977) e *Diosas del sur* (1992).[10] O teatro considerado como palavra e gesto ritual dava continuidade ao auto natalino de Cabral de Melo Neto.

A esses títulos, sobre os quais tinha pleno direito como autor, incorporou o flamenco, não só como música, mas também como lodo de vozes, de aprestos, de formas de vida, de enraizamento na terra genésica. O autor brasileiro lhe abrira os olhos para as possibilidades dramáticas de uma música ancorada no coração da cultura popular. Percebia isso agora no entorno da sua dedicação dramática:

> Las coplas obraron el milagro, porque aquella gente, que había pisado con torpeza el escenario durante la representación de la obra polaca, era la misma que ahora relucía y lo pisaba con la majestad y la seguridad de quien pisa su propio terreno (Jiménez Romero, 1996: 109).

8 Palavras de Juan Bernabé no prospecto da estreia e recolhidas nesta obra.

9 Damos as datas de estreia, mas o original de *Oración de la tierra* revela que sua data de composição foi em 1967, isto é, no ano imediatamente posterior ao conhecimento de *Morte e vida Severina*.

10 Este último título Jiménez Romero escreveu para estreiá-lo na Exposição Universal de 1992, mas não conseguiu subir aos palcos. Aproveitou a ocasião da publicação do seu teatro ritual andaluz para acrescentá-lo àquela que até então fora considerada pelo próprio autor como uma trilogia completa. O primeiro texto de *Oratorio*, "La canción de Antígona", é datado de março daquele ano de 1968.

Já em 1967 Alfonso Jiménez Romero vinculava o flamenco à ideia de rito, e ensaiava a partir do *Poema del cante jondo* e do chamado *Llanto por Ignacio* Sánchez *Mejías*, extraídos do *Romancero gitano*, de Federico García Lorca. Desde então, não deixou nunca de explorar as possibilidades cênicas do flamenco em sucessivas experiências dramáticas que o dirigiram naturalmente do mundo mítico de Lorca a seu próprio mundo ritual, em títulos como *Oración de la tierra* ou *Quejío* (sendo *Oratorio* o início dessa transformação).

Oratorio é uma obra de encruzilhada. Jiménez Romero começa a vislumbrá-la enquanto trabalha na dramaturgia de Cabral de Melo Neto e de Bertolt Brecht (para cuja *Antígona* há de compor textos novamente demandados por Joaquim Arbide), perseguindo, ao mesmo tempo, o seu próprio "mistério" dramático. Em *Oratorio* ressoam os versos do *Romance sonámbulo*, "Ese pan ya no es mi pan / Ni ese aire es ya mi aire", arrancados da atormentada garganta de Antígona, que os repete apoiando-se no coro como uma ladainha. Na volta de paráfrase sobre a Guerra Civil, estes retornam para encerrar o espetáculo, como uma consciência coletiva assumida pelo coro. De Brecht provém a conversão do princípio trágico em demonstração didática, enquanto que de Cabral de Melo Neto, a submersão na raiz bíblica que a história remonta até seu início com o primeiro fratricídio. E o vento, tão protagonista deste *Oratorio*, talvez seja o portador da luz prometeica reparadora do mal, profetizado por León Felipe para os tempos presentes (*Ganarás la luz*).

Num inteligente raciocínio, com o qual procura explicar a decadência do teatro de Jiménez Romero, durante o período da transição democrática, em contraste com o sucesso de Lorca, Maribel Parra vincula *Morte e vida Severina* e o teatro ritual do nosso autor mediante o arquétipo da consumação incestuosa entre homem cristológico e mãe terra (Parra Domínguez, 2005: 194).[11] Nisto, a visão dramática de Jiménez Romero se separa da de Lorca, apesar das marcas superficiais que as relacionam. Maribel Parra apoia-se na teoria freudiana da tragédia, fundada – como não poderia deixar de ser – na repressão dos instintos.

11 Por mais que, em alguns aspectos, possamos discordar das teses que a autora defende, nosso trabalho coincide com muitas de suas apreciações.

Não obstante, resulta paradoxal ver qualificada como trágica uma obra que seu próprio autor pensou como um auto pouco menos que sacramental. Se, de fato, o texto se constrói como um itinerário da morte, no momento último de insofríveis penalidades a vida responde ao desespero e a dota de sentido:

> Mas si responder no pude
> a la pregunta que hacías,
> la vida la ha respondido
> con esta presencia viva

A existência de qualquer Severino não deve dissolver-se na morte, pois é valiosa enquanto vida mesma, disposta em todo momento a renascer. A descida fluvial para a morte torna-se retorno à vida. Qualquer cultura campesina entende esse pensamento cíclico que vê na vida uma presença mais poderosa que a morte. Portanto, o auto de João Cabral há de entender-se como uma representação simbólica, fiel aos princípios do gênero dramático medieval. Que se comemore em tempo de natal, que inclua leves alusões bíblicas – próprias, por sua vez, da cultura campesina –, fortalece seu caráter alegórico.

Tampouco pode rotular-se *Oratorio* de composição dramática. Baseia-se, sim, numa grande tragédia histórica, como foi a Guerra Civil. Mas uma tragédia histórica não é uma tragédia dramática. Novamente chamamos a atenção para a designação do autor, pois ela contém a forma expressiva com que a obra foi concebida. Jiménez Romero fugiu da tragédia, em benefício de mitos e ritos. Se Brecht decidiu resolver a tragédia no drama didático (Menke, 2008: 172 e ss), Jiménez Romero, que nisso o segue, dissolve as ressonâncias da trágica Antígona no relato mítico do Gênese. A barbárie desmesurada a que foi submetido o povo espanhol em 1936 excedeu toda experiência histórica. Portanto, a compreensão daqueles tempos teve de acolher evocações míticas. O mito voltou a instalar-se no solo pátrio durante a contenda e, a partir dele, foi se desdobrando uma visão literária que percorre boa parte da produção no exílio, em paralelo ao curso histórico. Trinta anos depois daquela fatídica data, Jiménez Romero retornava também ao mito para explicar a enormidade da barbárie. Diante da tradição culta, que se remete à mitologia clássica – e o modelo de Garcia Lorca foi, a esse respeito, Góngora –, ele elegeu, na senda de Cabral de Melo Neto, o relato popular semítico.

No léxico homérico, o mito é tomado por relato verdadeiro diante das histórias circunstanciais e faltas de perspectivas que contam os humanos. Ao adquirir consciência linguística, a linguagem civilizada foi cercando e desterrando a mentalidade mítica. O protagonista desta substituição, análoga àquela nos ciclos dos deuses, foi o logos, que o herói encarna na tragédia. Sem norma não há tragédia, mas é a norma que devolve a ação aos assuntos humanos, e, na práxis, a tragédia deforma o seu sentido. Na obra de Cabral de Melo Neto e na de Alfonso Jiménez Romero, não há norma alguma que dirimir. Apesar de não estar presente, ambas se dirigem a uma sociedade primordial que não se rege por normas, senão pelo pressentimento dos ciclos míticos, protagonizados pela morte e a vida, a terra e a água. Assim, o relato das vidas toma dos mitos seus símbolos elementares. Trata-se de uma cultura campesina, que, como a vida vegetal, brota com a mesma força e profundidade da terra.

Isso é o que Jimenez Romero entendeu do itinerário de Severino, dirigido, simbolicamente, à explosão da vida. Também a palavra, liberta da sua atadura lógica, explode de sentido, satisfazendo o anseio de transcendência do homem. Essa é a origem do rito em geral, e do rito dramático. Na sua origem, a palavra era som – onomatopeia talvez – e ritmo, e a música do século XX recupera essa verdade esquecida. Por isso, a repetição salmódica, a que recorrem tanto Cabral de Melo Neto como Jiménez Romero, também resgata esse caráter musical da linguagem, que anula a razão para deixar livre a versão emocional da consciência. O sentido primordial do sagrado é essa emoção radical que enraíza o homem no seu entorno. E a relação do homem com o mundo por meio da palavra também o é.

Em ambos os autores recupera-se o nome bíblico do homem, o ser feito de barro. No *Morte e vida Severina* que escutou, Alfonso Jiménez Romero compreendeu que aquele espírito que ergue o torrão em que consiste o ser humano é musical. Na terra onde vive, na terra em que contempla os seus semelhantes, essa armadura vertical é procurada pelo flamenco. O flamenco se canta em pátios e em tabernas, mas levado ao cenário revela a sua natureza cerimonial. Nos ritos, a palavra se protege contra o risco da sua insignificância. E o rito mantém-se inabordável para a práxis.

Num tempo subjugado pelo materialismo histórico, herdeiro direto do pensamento racional, uma proposta teatral de natureza mítica, que invoca os elementos primordiais da imaginação constituídos simbolicamente, e que lembra o vínculo sagrado entre o homem e o mundo, tinha poucas possibilidades de permanecer, como de fato aconteceu com o teatro pânico, coetâneo de Jiménez Romero, ainda que encaminhado por outras veredas estéticas.

Referências bibliográficas

Jiménez Romero, A. *Alguien allá lejos*, inédito. [S. l.], 1960.

________. "Mi teatro ritual". In: *Teatro Ritual Andaluz.* Sevilla: Centro Andaluz de Teatro, 1996, p. 15-125.

________. *Biografía teatral de Alfonso Jiménez Romero*, inédito. [S. l.], 1980.

________. *Obras escogidas.* Sevilla: Diputación Provincial, [S. d.].

Melo Neto, J. C. de. "Vida y Muerte Severina". *Primer Acto,* n. 75. Madrid, 1996, p. 52-59.

Menke, C. *La actualidad de la tragedia.* Madrid: Machado Libros, [S. d.].

Mora Álvarez, M. T. *El teatro de Alfonso Jiménez Romero,* 2008. Disponível em: <http://fondosdigitales.us.es/tesis/tesis/1547/el-teatro-de-alfonso--jimenez-romero/>. Acesso em: 1 dez. 2011.

Paco, M. de. "Ángel Valbuena y el auto sacramental en el teatro español del siglo XX". In: *Monteagudo,* n. 5, 2000, p. 97-112.

Parra Domínguez, M. *Flamenco y tragedia en el teatro ritual andaluz de Alfonso Jiménez Romero:* un diálogo entre Lorca y Melo Neto. Boston College, 2005. Disponível em: <http://escholarship.bc.edu/dissertations/AAI3167364/>. Acesso em: 1 dez. 2011.

Primer Acto. "Sobre la forma de Oratorio". In: *Primer Acto,* n. 109. Madrid, [1969] 52-53.

Biografia dos autores

Ana Maria Machado é membro da Academia Brasileira de Letras e sua atual presidente. Renomada escritora, recebeu importantes galardões de literatura infantil, como o "Hans Christian Andersen" (2000) e o "Machado de Assis" (2001) pelo conjunto de sua obra. Seu romance *A audácia dessa mulher* também prolonga a obra machadiana *Dom Casmurro* a partir da perspectiva de Capitu.

Basilio losada Castro (Láncara, Lugo, 1930) é catedrático de Filologia Galaico-Portuguesa na Universidade de Barcelona. Desde 1971 oferece ciclos de palestras nos programas das Universidades de Califórnia e Illinois. Na Espanha, tem trabalhado como crítico literário e como tradutor de quarenta volumes de narrativa e ensaio português e brasileiro. Foi Prêmio Nacional de Tradução por suas versões de Saramago. Também foi premiado com a *Encomenda de Henrique o Navegador* pelo governo português e condecorado com a *Ordem do Cruzeiro do Sul* pelo governo do Brasil.

Ricardo Souza de Carvalho é professor de Literatura Brasileira na Universidade de São Paulo desde 2009. Entre 2004 e 2005 fez investigações na Espanha para o seu doutorado, junto à Universidade de Salamanca, que resultaram no livro *A Espanha de João Cabral e Murilo Mendes* (São Paulo, Editora 34, 2011). Atualmente dedica-se ao estudo das relações entre História e Literatura no Brasil durante as últimas décadas do século XIX e início do XX.

Antonio Carlos Secchin nasceu no Rio de Janeiro. É professor titular de Literatura Brasileira na Faculdade de Letras da UFRJ. Como poeta, tem publicado seis livros, entre os quais se destaca *Todos os ventos* (poesia reunida, 2002), que obteve o prêmio da Fundação Biblioteca Nacional ao melhor livro do gênero publicado no país em 2002. Como ensaísta, é autor de *João Cabral: a poesia do menos*. Organizou várias edições de poetas brasileiros (Castro Alves, Cecília Meireles, João Cabral de Melo Neto, Ferreira Gullar). Em 2010 publicou *Memórias de um leitor de poesia*. Foi professor convidado nas Universidades de Barcelona, Bordeaux, Califórnia, Lisboa, Mérida, México, Los Angeles, Nápoles, Paris (Sorbonne), Rennes e Roma. Em 2004 foi escolhido membro da Academia Brasileira de Letras, sendo nessa época seu acadêmico mais jovem.

Antonio Maura (Bilbao, 1953). Escritor, crítico, tradutor e professor universitário. Escreveu diferentes livros de ficção como *Piedras y cenizas* (contos), *Voz de Humo* (Prêmio "Castilla la mancha de novela corta" em 1989), *Ayno* (romance) e *Semilla de eternidad* (romance). Licenciado em Filosofia Pura e em Jornalismo. Doutor em Filologia Românica pela Universidade Complutense de Madrid com a primeira tese defendida numa universidade espanhola sobre literatura brasileira, intitulada: *El discurso narrativo de Clarice Lispector* (Outubro, 1997). É Sócio-Correspondente da Academia Brasileira de Letras (Julho, 2011). Foi diretor da Cátedra de Estudos Brasileiros da Universidade Complutense de Madrid (2004-2009), e é assessor da Fundação Cultural Hispano-Brasileira e de diferentes instituições sobre temas afins. Deu numerosas palestras em diferentes universidades e publicou mais de uma centena de trabalhos sobre cultura brasileira.

Pablo Zambrano Carvalho é professor titular de Teoria da Literatura e Literatura Comparada na Universidade de Huelva. É autor de *La mística de la noche oscura. San Juan de la Cruz y T.S. Eliot* (Universidade de Huelva, 1996), coordenador do livro *Estudios sobre literatura e suicidio* (Alfar, 2006) e tradutor de Keats (*The eve of St. Agnes*, 1996) e de Balzac (*Illusions perdues*, Gredos-Rba, 2008), assim como autor de outros trabalhos acadêmicos sobre San Juan, T.S.Eliot, Flaubert, Clarín, Dostoiewsky, Emily Dickinson, Juan Goytisolo, Octavio Paz, Borges, Balzac, dentre outros.

Juan Antonio González Iglesias, professor titular de Filologia Clássica na Universidade de Salamanca, doutorou-se com um estudo sobre o gênero do diálogo. É especialista na relação entre tradição clássica e arte e poesia contemporânea. Dirige um projeto de investigação sobre Felicidade e Literatura. Traduziu do latim Ovídio, Catulo e Horácio (sua versão da *Arte poética* veio à luz em 2012), e autores modernos como Stendhal, James Laughlin e Kikí Dimulá. Escreve nas páginas literárias de *El país*, depois de ter escrito em ABC. É poeta.

Hugo Millanas Machado (Lisboa, 1984) é professor-leitor de português (Instituto Camões) na Área de Filologia Galega e Portuguesa da Faculdade de Filologia da Universidade de Salamanca desde 2006. Desenvolve estudos de doutorado sobre o poeta português Ruy Belo. Publicou os livros de poemas *Poema em forma de nuvem* (2005), *Masquerade* (2006), *Clave do mundo* (2007), *Entre o malandro e o trágico* (2009) e *As junções* (2010); além das *plaquettes* de poemas intituladas "Buchas" (2010), "Folas-antologias" (2011), "Plato Chico" (2012) e "Parrillada" (2012).

Ascensión Rivas Hernández é professora de Teoria Literária e Literatura Comparada na Universidade de Salamanca desde 1990. Publicou numerosos ensaios de Crítica, Teoria e Literatura Comparada sobre o *Quixote*, poética barroca, autores do século XIX e literatura contemporânea. Desde 2008 colabora com o Centro de Estudos Brasileiros da Universidade de Salamanca, onde dirige vários projetos sobre literatura brasileira. É editora dos livros *El oficio de escribir: entre Machado de Assis y Nélida Piñón* e *Un clásico fuera de casa: nuevas miradas sobre Machado de Assis.*

Javier Sánchez Zapatero é professor de Teoria da Literatura e Literatura Comparada na Universidade de Salamanca, instituição onde codirige o Congresso de Romance e Cinema Negro e colabora como docente no serviço de Cursos Internacionais. Crítico literário em meios de comunicação, publicou artigos em diversas monografias e revistas científicas. Também foi editor de vários volumes de ensaio e antologias de contos. Suas linhas de investigação atuais giram em torno da adaptação cinematográfica, do gênero autobiográfico, da narrativa popular e da literatura engajada, tema do seu ensaio *Escribir el horror. Literatura y campos de concentración* (2010).

Miguel Nieto Nuño foi decano da Faculdade de Comunicação da Universidade de Sevilha e diretor do Departamento de Comunicação. Até a sua extinção, foi responsável pelo Programa de Doutorado em Literatura e Comunicação, e depois proponente do Mestrado Universitário de Escrita Criativa, que na atualidade dirige. Ensinou nas Universidades de Viena, Montreal, Mérida (México), Lyon e Carlos III, e foi convidado como professor pelo Mestrado em Escrita Criativa da Universidade de Nova Iorque. Durante anos exerceu a docência em oficinas de Literatura e Jornalismo e de Narrativa de Ficção, em disciplinas da Licenciatura em Jornalismo, e criou uma coleção editorial para publicar os trabalhos de criação de seus alunos universitários.

María Teresa Mora Álvarez é doutora *cum laude* pela Universidade de Sevilha (2008) com uma tese sobre o teatro de Alfonso Jiménez Romero (publicada pela Universidade de Sevilha na sua página de Fundos Digitalizados), dirigida pelo professor Nieto Nuño. Publicou vários estudos e deu conferências sobre o dramaturgo sevilhano. Estudou Publicidade, Relações Públicas e, anteriormente, magistério na Universidade de Sevilha, além de Arte Dramática na Escola Superior de Arte Dramática da mesma cidade. Como docente, é uma das grandes defensoras da presença do teatro em todos os níveis do sistema educacional.